BERENT DE VRIES

NEBEL ÜBER DEM WATTEN-MEER

Küsten- und Seegeschichten

Verlag SCHUSTER Leer

Biographische Notiz

Berend de Vries (eigentl. Bernhard de Vries) * 31.12.1883, Emden † 25.11.1959 ebd. Der Vater war Schiffskapitän, die Mutter Bauerntochter aus der Krummhörn. Nach dem Besuch der Realschule wurde er Beamter bei der Seekabel-Telegraphie. Aus gesundheitlichen Gründen frühzeitig in den Ruhestand getreten, lebte er seitdem als freier Schriftsteller und veröffentlichte seit 1920 zahlreiche Bücher, Lyrik und Prosa, hoch- und plattdeutsch gleichermaßen. Seit 1952 Mitglied der Schriftstellervereinigung ›Die Kogge‹, erhielt er 1952 den Klaus-Groth-Preis der Stiftung FVS. Berend de Vries war zweifellos einer der bedeutenden norddeutschen Autoren dieses Jahrhunderts.

ISBN 3-7963-0278-5
1. Auflage 1989

Herausgeber: Theo Schuster
Einbandgrafik: Heiko Jörn
Schrift: 11/13 Punkt Garamond
Gesamtherstellung: Hans Kock Buch- und Offsetdruck GmbH, Bielefeld
Printed in Germany

Nach mehr als vierzig Jahren und dreißig Jahre nach dem Tode des Autors wird hier erstmals wieder ein Band mit Prosa von Berend de Vries (1883–1959) vorgelegt, eine sorgfältig gesichtete Auswahl der schönsten und zeitlosesten Geschichten aus dem hochdeutschen Werk.

Das große Thema dieser Erzählungen ist das Meer, sind die von ihm geprägten Landschaften der Marsch, des Watts und der Inseln, ein Akkord, den der Autor schon früh, fast programmatisch im Titel seines ersten Buches, eines 1920 erschienenen Gedichtbandes, anschlug: Marsch und Meer, und diesem Themenkreis ist er sein Leben lang treu geblieben.

Im engeren Sinne sind der Hintergrund der hier ausgewählten Texte das alte Emden, seine Heimatstadt, und Borkum, ›seine‹ Insel, und damit eng verbunden das nördliche Eismeer, Schauplatz der ›Grönlandfahrt‹, der großen Zeit friesischen Walfangs im 17. Jahrhundert, wie denn auch Berend de Vries unter den ostfriesischen Schriftstellern von Themenwahl und Akzeptanz her sicherlich der weltläufigste ist, das Etikett ›Heimatschriftsteller‹ will nicht an ihm haften bleiben. Seine vorwiegend historischen Seegeschichten sind, wie er selbst schreibt, angesiedelt ›zwischen Spitzbergen und Kap Hoorn, auf manchen Meeren‹, viele seiner Texte, wie z.B. die Künstleranekdoten aus dem Goldenen Zeitalter der niederländischen Malerei, ›Im Kastell zu Antwerpen‹, spielen in unserem westlichen Nachbarland.

Bei alledem nimmt es nicht wunder, daß fast alle Bücher von Berend de Vries ursprünglich nicht in Ostfriesland verlegt wurden, wie er auch sein Publikum im gesamten deutschen Sprachraum gefunden hat.

Die meisten Geschichten dieses Bandes erschienen erstmals 1934 unter dem Titel ›Der Pfingstbusch der Bark Confidentia‹ und wurden 1943 und 1948 neu aufgelegt, Auswahlen kamen vor und nach 1945 in hohen Auflagen als Schullektüre heraus. Berend de Vries darf zu Recht der kleinen Zahl bedeutender ostfriesischer Autoren zugerechnet werden.

Inhalt

Der Pfingstbusch der Bark ›Confidentia‹

Eine Alt-Emder Geschichte

Nun wird es Abend. Noch liegt Sonne golden auf den Giebeln an der Westerbutvenne. Dohlen lärmen um den alten Ratsturm, und ein Möwenzug kreist ruhig und zuweilen silbrig aufblitzend über Stadt und Hafen. Ein heller Frühlingstag geht zu Ende.

Alle Schiffe im Hafen tinkeln vor Sauberkeit; doch keines tut es darin den schmucken holländischen Seetjalken gleich. Der schmierige Russe dort am Eisenbahnkai sollte sich schämen. Morgen, zu Pfingsten, wird der nicht schlecht gebaute, gutlinige Schoner ebenso verdreckt und verkommen daliegen wie an jedem andern Tag. Seht, einige der Fahrzeuge sind schon pfingstlich geschmückt. Sie tragen einen mächtigen Busch grüner Laubzweige um Masttopp und Flaggenknopf.

Aber die ausgediente Bark ›Confidentia‹ liegt verlassen und trauernd da. Wie sind die Linien ihrer Masten edel! Der schwarze Rumpf freilich sieht aus wie ein schlecht gestrichener Sarg. Die Riggen sind kahl, das morsche Takelwerk und das laufende Gut stehen wie riesige Spinngewebe gegen den hellen Frühlingshimmel, und die unbeschlagenen Rahen, die niemals wieder unter dem pressenden Druck windgefüllter Marssegel ächzen werden, strecken ihre Nocks wie spitze Knochen zur Seite. Warum liegt denn der alte Kasten immer noch im Hafen? Er ist ja doch zu nichts mehr zu gebrauchen. Ja, als Kohlenholk vielleicht. Aber das ist auch das höchste. Hat der Hafenmeister Bradhering nicht recht, wenn er dem Besitzer des Schiffes droht, ihn zu verklagen, falls er nicht schleunigst dafür sorgt, daß der ausgediente Klipper, der den halben Hafen belemmert, so bald wie möglich weggeschleppt wird? Gewiß hat der Hafenmeister recht. Indessen, der Besitzer Gerrit Gersema, Reeder und Kapitän in einer Person, hat Zeit. Außer ihm, von dem es nicht einmal sicher ist, gibt es nur zwei Menschen in der Stadt, die von Herzen bedauern würden, wenn man die ehemals stolze Bark ›Confidentia‹ zum Schiffsschinder brächte. Das sind der steinalte und gichtgeplagte Wachtmann Jeels van Dijk und der Schüler Johann Lücht, den seine Spielkameraden Jan Knaster nennen.

Jan Knaster ist übrigens fein heraus. Seine Mitschüler beneiden ihn. Er darf morgen mit nach See, heißt es. Aber seinen Spielkameraden am Hafen ist das nicht ganz nach dem Sinn. Jan, diese magere Spricke, eher nach See als sie, die derben Schiffersöhne und zähen Lotsenjungen, die dazu geboren und von Natur bestimmt sind, das Salzwasser zu pflügen? Nein, alles was recht ist, aber dies ist wider Regel und Ordnung.

Die Bande steht beim ›Bremer Schlüssel‹ und beredet diese Neuigkeit. Sibrand Krai, den sie Witte Krai nennen, weil sein Haar so flachsweiß ist, löst die Streitfrage großzügig.

»Wißt ihr was«, sagt er, »Jan Knaster geht nicht nach See, was wir so nach See nennen. Er macht nur 'ne Lustfahrt mit. Ich bitte euch, eine Lustfahrt!« Und nach dieser vernichtenden Erklärung spuckt er geringschätzig aus.

Damit ist der Fall Knaster abgetan. Denn was Witte Krai sagt, das gilt unter den Jungen der Altstadt. Witte Krai ist der Anführer der Hafenbande. Seine Faust wird gefürchtet bis in das Gemüsebauernviertel der Stadt und bis in die Tertien der beiden höheren Schulen hinein.

Wahrt euch vor den Fäusten des Witte Krai! Aber der Flachsschädel mit den festen blauen Augen hat nicht nur ein paar gute Fäuste, er hat natürlich auch Ideen. Jetzt schneuzt er sich mit der Hand die Stupsnase und wischt dann die Finger gründlich am Hosenboden ab. Ja, ein Taschentuch besitzt er leider nicht. Seine Mutter ist eine arme Matrosenwitfrau, die sich und ihre sechs Kinder durch Plättarbeiten karg ernährt, seit die eisigen Brecher bei Kap Hoorn ihren Mann über Bord rissen. Aber nur Geduld: nächste Ostern geht auch Witte Krai nach See, und wer zweifelt daran, daß auch er das berüchtigte Kap einmal rundet? Kennt er nicht jetzt schon — wenn auch nur aus den Berichten älterer Langfahrer — jeden Salpeterhafen an der Westküste? Dann soll die Mutter es gut haben. Und ein Taschentuch wird er sich dann leisten, so groß wie ein Gaffeltoppsegel, könnt ihr glauben. Ja, und Ideen hat er auch. Er hat das Programm des Tages im Kopf. Nun kommt die Prunk- und Schlußnummer. Ist die Bande vollzählig versammelt? Natürlich sind wieder welche beiseitegestrolcht. Da steckt Witte Krai zwei Finger in den Mund und stößt den bekannten gellenden Pfiff aus. Das Signal hat den gewünschten Erfolg. Aus allen Gassen und Winkeln am Hafen kommen sie herangeflitzt — als letzter, keuchend und außer Atem, Mehlpüüt-Potter, prall und kugelig wie der Mehlbeutel, von dem er seinen Spitznamen hat; die langen Bänder der Schottenmütze, die dem gutmütigen Vollmondgesicht durchaus nicht steht, flattern lustig hinter ihm drein.
»Jetzt wird es Zeit«, sagt Witte Krai zu seinen Getreuen, »daß wir die Pfingststräuße für die Schiffe besorgen. Guckt, einige tragen ihre Büsche schon. Aber es ist unser altes Recht, jedes im Hafen liegende Schiff zu Pfingsten zu schmücken. Los!« Damit dreht er sich kurz um und

macht sich auf den Weg. Lärmend folgt die Bande ihm. Der Weg ist nicht weit. Er führt am Fischschuppen vorbei, und gleich hinter dem Schuppen, am Polderrand, steht eine regellos gewachsene Gruppe Eschen und Pappeln.

Und es dauert nicht lange, da läuft eine eifrige Schar Jungen zwischen den Bäumen und Schiffen hin und her. Ein paar Rauhbeine stehen oben in den luftigen Baumkronen, reißen Laubzweige ab und werfen sie herunter. Geschrei und Gerauf entsteht unter den Bäumen, jeder will den schönsten Busch haben. Aber Witte Krai pufft den Raufbolden die Fäuste in die Rippen und hält scharfes Regiment.

Kühn tragen die meisten abgelegte Schiffermützen, grau und verschlissen von Seesalz und vor Alter. Nein, zu putzig sind die schirmlosen Schottenmützen der Potter-Jungen, vom Großvater schon aus Aberdeen mitgebracht; die ›Kanonenpforten‹, jene schwarzen und weißen Vierecke um den Rand, und die flott am Hinterkopf flatternden langen Bänder verleihen den gutmütigen Dicksäcken, die keiner Fliege etwas zuleide tun könnten, ein kriegerisches Aussehen. Und dabei sind doch die Potter-Jungen die friedfertigsten der ganzen Bande.

Der lang aufgeschossene, fein-, aber nicht zartgliedrige Junge, dem das Haar dicht und blond unter der Mütze hervorquillt, das ist Johann Lücht oder Jan Knaster, wie sie ihn nun einmal nennen. ›Knaster‹ ist eine Verballhornung von Gymnasiast. Seit undenklichen Zeiten werden die Schüler der höheren Schulen von den Volksschülern so genannt.

Johann Lücht wohnt bei seiner Mutter in einem der Giebelhäuser am Delft, der Hauptstraße am Hafen. Sein Vater fährt, solange der Junge sich erinnern kann, auf großer Fahrt. Einmal in seinem Leben, als er sieben Jahre alt war, hat er den Vater gesehen, einen großen blondbärtigen Mann mit einem von der Tropensonne fast schwarz gebrannten Gesicht, aus dem die grauen Augen seltsam hell und lebendig herausguckten. »Onkel« hat er damals zu dem fremden Mann gesagt; »Vater« wollte ihm nicht über die Lippen. Manchmal kommen Briefe, beklebt mit bunten Marken, aus fernen Ländern. Aber warum kommt der Vater selbst nicht einmal heim? Die Mutter sitzt oft und weint, und dann tröstet Johann sie, so gut er kann. Er ist ja noch ein Knabe. Er macht sich keine schweren Gedanken über solche Dinge. Sie sind es ja auch nicht anders gewohnt, die Mutter und er. Und es gibt viele in der Stadt, die so weit und so lange auseinander leben müssen wie der Vater und die Mutter. Ja, zuweilen denkt Johann Lücht doch schon über diese Dinge nach.

Jetzt übrigens hat er zum Grübeln keine Zeit. Er spielt nicht gerade eine Führerrolle unter der Jugend am Hafen, aber er ist bei allem dabei. Mitunter freilich erlaubt er sich Einfälle, auf die seine Kameraden nicht so leicht verfallen würden.

Was zum Beispiel hat er jetzt vor?

Sieht Witte Krai nicht, daß da einer aus der Reihe tanzt? Ach, mag doch Witte Krai zum Mond laufen, wenn er Lust dazu hat!

Während die andern Jungen sich daranmachen, Laubzweige heranzuschaffen für den Postdampfer, der morgen die Lustfahrt in See macht, turnt Johann Lücht, alias Jan Knaster, ein mächtiges Bündel zwischen den Zähnen, mit Armen und Beinen die dicke Manilatrosse hinan, an welcher die ausgediente Bark ›Confidentia‹ vertäut liegt. Darf er denn das? Wird ihm nicht der Hafenmeister

Bradhering mit seiner groben Stimme die Leviten lesen? Was kümmert das Jan Knaster! Das Hafenkontor ist übrigens längst geschlossen. Auch Jeels van Dijk, der steinalte Wachtmann der ›Confidentia‹, sitzt schon eine Weile in der Wohnküche seines Häuschens an der Pelzerstraße und reibt gedankenvoll seine gichtigen Knochen, und mit dem alten Jeels ist Jan Knaster ohnehin gut Freund. Außerden: die ›Confidentia‹ gehört seinem Onkel Gerrit Gersema, dem Bruder seiner Mutter. Nein, das alles hat nichts zu sagen.

Die ›Confidentia‹ liegt nicht unmittelbar an der Hafenmauer. Man hat sie mit gut zwanzig Fuß langen Rundhölzern vom Kai abgestützt, damit nicht jeder Esel an Bord kommen kann, der dort nichts zu suchen hat. Wenn der Wachtmann Jeels van Dijk an oder von Bord will, behilft er sich mit einer Jakobsleiter, die er sinnreich anzubringen und zu verstecken weiß; im übrigen kommt und geht er von der Wasserseite und benutzt dabei eine norwegische Jolle, einen Seelenverkäufer von Boot, das sicher ebenso alt ist wie er selbst.

So muß Jan Knaster ein gutes Stück über den Hafenspiegel hinwegturnen. Aber jetzt ist er bald am Ziel. Nur noch ein Trick, den jeder Junge am Hafen kennt: kräftige Schlingerbewegungen, damit die schräg niederhängende Bucht der Trosse an die obere Kante der Reling heranschwingt. Jetzt! Jan hat die Trosse losgelassen und mit beiden Händen zugefaßt. Da hat er die Reling zu packen, löst im selben Augenblick rasch die Beine von der wuchtig zurückschwingenden Trosse und klettert, immer das Zweigbündel zwischen den Zähnen, auf die Back der Bark.

Da steht er und hält Umschau. Das tote Schiff mit seinen leeren Decks gähnt ihm entgegen. Es ist unheimlich auf einem ausgedienten Fahrzeug. Überall, in allen Ecken und Winkeln, lastet das dumpfe Schweigen gestorbenen Lebens. Ein seltsam beredtes Schweigen. Sind nicht Stimmen mannshoch über dem Deck in der Luft? Harte plattdeutsche Kommandorufe, feuerspeiende englische und skandinavische Flüche, kurze, lautlose Gebete wohl auch, und nicht zu vergessen die heiser gurgelnden Wutlaute des gelben Portugiesen, der den langen friesischen Steuermann vor der Tür der Segelkoje hinterrücks erstach... Das alles ist auf diesen Planken einmal geschehen, mannshoch schwimmt das Vergangene, Gutes und Böses, über dem sterbenden Schiff in der Luft. Hört Jeels nicht mitunter, in finsteren Sturmnächten meist, unheimlich stöhnende Laute aus dem Logis? Das sind die Seelen der sechs Leute, die innerhalb weniger Tage auf der Reede von Paramaribo am Gelben Fieber gestorben sind, sagt Jeels. Jeels van Dijk war Schiffszimmermann auf der ›Confidentia‹, ein Menschenalter hindurch. Er weiß eine Menge zu erzählen von ihren Reisen und von den Schicksalen der Leute, die diese Planken betreten haben. Nicht alles glaubt Jan Knaster dem vertrockneten Alten mit dem schlohweißen Bartkranz unterm Kinn. Dennoch ist es herrlich, den Berichten des Zimmermanns zu lauschen.

Aber Johann Lücht ist nicht nur ein Träumer. Er hat auch scharfe Augen für die Wirklichkeit der Dinge.

Als er jetzt von der Back herunter und über Deck geht, stellt er mit Genugtuung fest, daß Jeels van Dijk seine Sache in Schuß hat. Das ausgewetzte und verschrammte alte Deck ist so sauber gespült und gewaschen, daß man von den Planken wie von einem reinen Teller essen könnte. Wie sorgfältig hat Jeels das wenige Tauwerk, das noch nicht verkauft und dem alten Mädel, der ›Confi-

dentia‹, geblieben ist, zu gleichmäßigen Ringen kunstvoll aufgerollt. Ordnungsmäßig sind die Luken verschalkt, und alle Türen der Deckhäuser und Niedergänge sind diebessicher verschlossen.
Jan entert auf. In den Großtopp. Die morschen Wanten krachen ein wenig. Den leichten, behenden Knaben tragen sie wohl noch. Den Pfingstbusch hat Jan sich vorher mit einem Bändsel, das er sowieso da oben braucht, um den Hals geknüpft. Er ist nicht zum ersten Male in den Wanten eines Segelschiffs. Das sieht man daran, wie geschickt er Hände und Füße setzt. Schon schwingen die Wanten leise, und der schlanke Knabenkörper schwingt im gleichen Takt mit. Ja, Jan Knaster hat den richtigen Rhythmus im Leibe. Das ist nichts Besonderes. Alle richtigen Jungen der Hafenstadt sind sozusagen beim Klettern groß geworden.
Bis zum Mars ist es ein Kinderspiel, denkt Jan, als er auf der Marssaling steht und sich in die oberen Wanten hineinschwingt.
Aber nachher: die Stengen sind vielleicht zu morsch? Das denkt Jan nicht. Wer hat Zeit zu solchen Überlegungen? Jan nicht.
Seht, schon steht er auf der Bramsaling. Nun sind die Wanten zu Ende. Nun kommt es gleich auf Klettern mit Armen und Beinen an. Aber wartet: einen Augenblick muß Jan verschnaufen.
Er steht achtzig Fuß hoch über dem Deck der ›Confidentia‹. Über die hohen Speicherdächer der Westerbutvenne kann er beinahe hinwegsehen. Zu dem goldenen Schiff auf der Spitze des Ratsturms kann er zwar noch nicht ›du‹ sagen, aber wartet nur! Es fehlt nicht viel, dann befindet er sich fast in gleicher Höhe, ahoi! Die ganze Stadt mit ihren dreißig Wasserläufen, sechzig Brücken

und sieben Mühlen auf dem Stadtwall, das grüne Marschland, von weidendem Vieh betupft, mit den roten Dächern des Dörferkranzes und dem hohen Leuchtturm von Campen weit im Westen am Seedeich, und hinter den fruchtbaren Poldern im Südwesten vor allem die blinkende Bucht da draußen — all das ringsum liegt Jan Knaster zu Füßen. Schwindelfrei sieht er darüber hin. Das Blut rauscht ihm so herrlich in den Ohren. Aber das empfindet er vielleicht gar nicht. Was soll er auch weiter darauf achtgeben? Es gibt Wichtigeres zu tun. Hinauf mit dem Busch auf den Flaggenknopf!

Er stemmt die Füße auf die knirschende Bramsaling, schlingt den einen Arm um die Stenge und macht sich Pfingstbusch und Bändsel hand- oder vielmehr mundgerecht, denn jetzt wieder muß er beides mit den Zähnen halten. So! Alles klar.

Hand über Hand und Bein über Bein klettert er das letzte Stück hinauf. Die Stenge schwankt ein wenig, aber das macht nichts, das tut die oberste Stenge eines Mastes immer. Es sind ja nur noch zwanzig bis fünfundzwanzig Fuß...

So! Die linke Hand umfaßt den Flaggenknopf des Großtopps. Nun hat er einen Halt, sich so hoch wie möglich hinaufzuziehen. Und jetzt die Beine eng, ganz eng um die Stenge gepreßt. Geht es? Versuchen. Er läßt die Hände los. Es geht. Bändsel und Pfingstbusch her! Ein paar Griffe und Windungen, ein Schifferknoten — und der in jungem Grün prangende Strauß prunkt auf dem Großtopp der alten Bark ›Confidentia‹, hoch über Stadt und Hafen, höher als bei allen anderen Schiffen.

Es geht ein Beben durch das alte Schiff. Jan spürt es deutlich in seinen eigenen festverkrampften Schenkeln. Die Stenge wackelt doch verteufelt. Oder ist das alte Mädel vielleicht gar gerührt über diese letzte Ehrung, die ihr jetzt zuteil geworden ist?

Wie aus einer Bergschlucht erklingt von der Straße unten am Hafen plötzlich helles Hurrageschrei. Jan erschrickt ordentlich; fester krampft er sich mit Armen und Beinen an die schwanke Stenge. Er hat ja vergessen, daß da unten Menschen sind, seine Spielkameraden. Diese Kerle! Alle im Hafen liegenden Schiffe, selbst die kleinste Torfmutte, haben sie mit Pfingststräußen geschmückt, nur an die alte brave Bark hier hat keiner von ihnen gedacht. Und halb im Zorn darüber, halb in knabenhaftem Übermut, umfaßt er durch den Pfingstbusch hindurch nochmals den Flaggenknopf, umgreift mit der anderen Hand die dünne Stenge etwas tiefer, nimmt die linke Hüfte in Stütz und streckt den Oberkörper mit geschlossenen Beinen zur Seite.

Was ist denn das?

Das ist doch, wahrhaftigen Gottes, die ›Fahne‹, die er da oben macht!

Es sieht waghalsig genug aus. Erneutes Hurrageschrei schrillt herauf, aber nun mischen sich kreischende Weiberstimmen dazwischen.

Da macht Jan, daß er herunterkommt vom Mast. Wenn nur Tina, die ängstliche alte Magd, nichts davon gesehen hat und es der Mutter erzählt, dann ist es mit der Lustfahrt in See aus, denkt Jan, als er sich wie der Blitz die Stenge hinuntergleiten läßt. Behende klettert er tiefer, von Saling zu Saling. Aber auf dem Mars hält er inne, die Wantenkletterei wird ihm zu langweilig; er kann es nicht lassen, er muß wieder mal einen besonderen Einfall haben.

»O leev' Heer Jesus!« ruft die alte Fisch-Rieka, die in diesem Augenblick an dem Schiff vorüberhinkt, und stiert entgeistert auf den Mars des Großmastes. »Disse Jungse, disse Jungse...« Aber ehe die Alte sich von ihrem Schrecken erholt hat, steht Jan Knaster heil auf dem Deck der ›Confidentia‹ und winkt über die Reling seinen Kameraden von der Hafenbande zu. An einem dünnen Tau, dem Marsfall, ist er so schnell heruntergesaust, als ob Herr Bradhering, der gestrenge Hafenmeister, selber hinter ihm drein wäre. Kein Wunder, daß dieser Anblick die alte Fisch-Rieka, die merkwürdigerweise nervös ist, entsetzt hat.

Die Leute, die diesem ganzen Schauspiel eine Zeitlang zugesehen haben, kümmern sich wieder um ihre eigenen Dinge. Es ist ja schließlich nichts Neues, daß ein Junge einen Schiffsmast erklettert. Wenn er sich dabei nicht den Hals bricht, sollte man ihm eine tüchtige Tracht Prügel geben, denken die einen, und die andern denken überhaupt nicht.

Nicht so die Hafenbande. Als Jan Knaster sich wieder im Kreise seiner Kameraden befindet, und als sich der erste Begrüßungslärm gelegt hat, geht Witte Krai, die Hände in den Taschen, mit echt seemännisch wiegenden Bewegungen auf ihn zu, pufft ihn mit dem Ellbogen in die Seite und meint: »Das will ich dir sagen, Jan — wenn du auch nur ein Knaster bist — in den Wanten kannst du fertig werden. Und —«, er schluckt, es wird ihm sichtlich schwer, weiter zu sprechen — »und ich meine, Jungen«, wendet er sich an die Bande, »von uns aus mag er morgen ruhig als erster in See gehen.«

Das ist allerhand von Witte Krai. Vielleicht hat er den Hintergedanken: Es ist ja doch nur 'ne Lustfahrt! Aber einerlei: es ist viel, was er da aus seiner Anführerrolle heraus preisgibt. Und natürlich hat keiner von der Bande etwas gegen den Spruch des Witte Krai einzuwenden.

Gott gnade dem, der das wagen sollte! Nein, Jan Knaster liest nur klare Anerkennung in den Augen seiner Freunde. Kiek, Mehlpüüt-Potter! Wie grinst er freundschaftlich und bewundernd über sein ganzes gutmütiges und schottenmützebekröntes Dicksackgesicht. Ja, Mehlpüüt-Potter hat zweifellos am meisten Verständnis für eine solche Kletterleistung.

Der Tertianer Johann Lücht, alias Jan Knaster, ist rot geworden vor Freude. Witte Krai, der anerkannte Führer der Hafenbande, hat ihn gelobt. Jedermann weiß ja, was das bedeutet. Wird er überhaupt einschlafen können nach diesem glorreichen Tag?

Und indes sich die Bande verstreut und jeder auf seinen Abendbrottisch lossteuert, legt Jan Knaster den Kopf in den Nacken und wirft noch einen Blick auf den Pfingstbusch der Bark ›Confidentia‹. Ein letzter Sonnenstrahl funkelt um den vergüldeten, von jungem Laub halb verhüllten Flaggenknopf des Großtopps.

»Fein sieht das aus«, murmelt Jan. Dann verspürt er miteins heftigen Hunger, steckt die Hände tief in die Hosentaschen, wie er es bei der Hafenbande gelernt hat, und geht, sein Lieblingslied ›La Paloma‹ pfeifend, wohlgemut nach Hause.

Die alte Bark ›Confidentia‹. ...

Horcht! Pfingsten wird eingeläutet. Die Glocken der Großen Kirche beginnen — Jetzt fallen die der Gasthaus-Kirche ein — Und nun läutet es von allen Türmen. Ein Meer von Tönen rollt feierlich über Stadt und Hafen und weithin über Bucht und Land.

Jeels van Dijk spinnt ein Garn

Jeels van Dijk, Wachtmann an Bord der ausgedienten Bark ›Confidentia‹, saß in der Kombüse des aufgelegten alten Schiffes und wärmte seine gichtigen Knochen. Es war im April, aber es war noch hundekalt. Ein Junge saß bei ihm, und dieser Junge war ich. Ich trieb mich oft am Hafen und auf den Schiffen herum, und ich hatte damals die größte Lust, die Schulbücher in die Ecke zu werfen und zur See zu gehen. Doch das ist später anders gekommen. Jeels zog eine Rolle Kautabak aus der Tasche, nahm sein Messer und schnitt sich einen Tampen ab. Der Griff des Messers fiel mir auf. Der Wachtmann wollte es gerade wieder einstecken, da bat ich ihn, es mir zu zeigen, und er reichte es mir. Es war ein großes Klappmesser; der Griff bestand aus einer rötlichgelben, elfenbeinartigen Masse; die Schneide war haarscharf, und die Klinge war schon ziemlich dünn und abgewetzt.
»Wo hast du das Messer her, Jeels?« fragte ich.
Der alte Seemann wälzte den frischen Priem, den er sich soeben abgeschnitten, im Munde und sah mich aus seinen hellen, grauen, von Falten und Runzeln umknitterten Augen ein wenig belustigt an. Vielleicht dachte er: der will eine Geschichte hören. »Das Messer stammt aus New Bedford«, sagte er, »und der Griff ist aus Pottwalzähnen gemacht.«
»New Bedford in Massachusetts?«
»Ja«, sagte er ein wenig verwundert. »Woher weißt du, daß diese Hafenstadt in Massachusetts liegt?«

»Das weiß ich von meinem Vater; aber ich glaube, wir haben es auch in der Schule schon gehabt.«
»Dein Vater — ja; der ist früher mit seinem Schiff in vielen Winkeln dieses Planeten gewesen. Aber in der Schule — hm!« Es schien mir, er traute der Schule nicht viel zu.
»Aber, Jeels, was sind Pottwale?« fragte ich. »Ich habe bisher nur vom Grönlandwal gehört, und Knochen dieses Tieres habe ich auf Borkum gesehen. Gibt es mehrere Arten?«
»Es gibt Zahnwale und Furchen- oder Bartenwale. Der Pottwal gehört zu den Zahnwalen, und er kann gehörig damit beißen, mit seinen Zähnen, meine ich. Ich habe gesehen, wie einer ein Walboot zwischen die Kiefer nahm und es wie einen Zwieback zerknackte.«
»Bist du denn auch auf Walfang gewesen, Jeels?«
»Ja, Junge, auf Pottwaljagd. Von New Bedford aus, wo ich dieses Messer gekauft habe. Das war ein harter Job, kann ich dir erzählen. Lange Reisen. Amerikanische Walfänger sind manchmal zwei, drei Jahre unterwegs und pflügen dabei alle sieben Meere nach Pottwalen ab. Die Wale wandern, und der Käpten weiß immer ziemlich genau, wann und wo in der Südsee, im Atlantik oder sonstwo er sich mit seinem Fahrzeug aufhalten muß, um auf sie zu treffen. Pottwaljagd ist nicht ungefährlich, mein Sohn. In Wut gebracht, greift dieser Wal unbedenklich Boote und sogar Schiffe an und bringt sie zum Sinken. Ah, New Bedford! Da muß ich dir eine Geschichte erzählen, die mir mein Freund Jim Symes einmal berichtet hat. Du mußt dir nichts dabei denken, wenn ich mitunter ins Englische gerate. Das läßt sich nicht vermeiden. Englisch sollte eigentlich jeder lernen, bevor er zur See geht. Du lernst es ja übrigens in der Schule. Was heißt auf deutsch »There she blows?«

»Dort bläst sie«, sagte ich.
»Das stimmt wohl, wörtlich aufgefaßt; aber wir sagen auf deutsch doch besser ›da bläst er‹, denn warum sollen wir die Angewohnheit der Engländer und Amerikaner, Schiffe und Wale weiblich zu benennen, mitmachen?«
Er fing wahrhaftig an zu schulmeistern. Ich aber wollte die Geschichte hören.
»Und die Geschichte Jeels-Ohm?« drängte ich.
»Werd nicht ungeduldig, sage ich dir. Bei Jonas! Hier ist die Geschichte. Es wird ein bißchen darin geflucht. Dabei mußt du dir erst recht nichts denken. Das haben die Leute da drüben so an sich; sie meinen es nicht so böse, wie es klingt. Und nun hör zu!«
Aber bevor er sein Garn zu spinnen anfing, nahm er den Priem aus dem Mund und backte ihn unter dem Rand der Tischplatte fest.
»So erzählte mir der Harpunier Jim Symes in der Hafenschenke ›The Crossed Harpoons‹ zu New Bedford: ›Es war das gute Schiff ›Mozambique‹, Käpten Symes befehligte es, sein Name ist derselbe wie der meinige, aber wir sind nicht verwandt, Gott sei Dank. Wir waren vier Monate und zwanzig Tage von New Bedford weg und hatten noch keinen Tropfen Walöl in den Tanks.
Ich stehe vorn meine Wache, als der Mann oben im Ausguck aussingt: ›There she blows!‹
›Wo?‹ sage ich.
›Vier Strich an Steuerbord.‹
Und ich gehe nach achtern.
›Käp'n Symes‹, sage ich, ›dort bläst er.‹
›Wo?‹ sagt er.
›Vier Strich an Steuerbord‹, sag' ich. ›Sollen wir die Boote niederfieren?‹

Käp'n Symes sagt: ›Es weht viel zu hart. Es ist nicht angebracht, sie niederzufieren. Gehen Sie nach vorn und stehen Sie Ihre Wache.‹
Und ich gehe nach vorn. Bald darauf ruft der Mann oben aus:
›Dort bläst er und spritzt!‹
Und ich gehe nach achtern. Und ich sage: ›Käp'n Symes, dort bläst er und spritzt. Sollen wir niederfieren?‹
Käp'n Symes sagt: ›Ich sagte Ihnen schon einmal, und ich sage es zum zweitenmal: Bei den siebenundzwanzig schwirrenden Teufeln der Hölle, es weht zu hart, es ist nicht angebracht, niederzufieren. Gehen Sie nach vorn und stehen Sie Ihre Wache!‹
Und ich gehe nach vorn. Bald darauf ruft der Mann oben aus: ›Dort bläst er und spritzt und bricht das Wasser und brandet!‹
Und ich gehe nach achtern. ›Käp'n Symes‹, sag' ich, ›dort bläst er und spritzt und bricht das Wasser und brandet. Sollen wir niederfieren?‹
Käp'n Symes sagt: ›Ich sagte Ihnen einmal, und ich sagte Ihnen zweimal, und ich sage Ihnen zum drittenmal: Bei den dreiundzwanzig Beinen der Zwölf Apostel, es weht zu hart, es ist nicht angebracht, niederzufieren. Gehen Sie nach vorn und stehen Sie Ihre Wache!‹
Und ich gehe nach vorn. Bald darauf ruft der Mann oben aus: ›Dort bläst er und spritzt und bricht das Wasser und brandet, und ein Spermwal ist dabei!‹
Und ich gehe nach achtern. ›Käp'n Symes‹ sag' ich, ›dort bläst er und spritzt und bricht das Wasser und brandet, und ein Spermwal ist dabei. Sollen wir niederfieren?‹
Käp'n Symes sagt: ›Bei den achtundvierzig pausbackigen Cherubinen, die rund um den Thron der Dreifaltigkeit flattern: es weht zu hart, es ist nicht angebracht, nieder-

zufieren. Aber wenn Sie es wünschen, fieren Sie weg und seien Sie verdammt!‹

Gut, wir jagten jenen Spermwal die erste Wache hindurch, und um etwa acht Glasen kommen wir ihm längsseits, und ich sage zu den Leuten im Boot: ›Soll ich ihm die lange Harpune geben?‹ Und sie sagen: ›Pflanzt sie hinein!‹ Und ich pflanzte sie hinein, und sie hielt! Gut, als wir den Wal später flensten und zerschnitten, entnahmen wir seinem Kopf sechsundachtzig Faß feinsten Spermöls und seinem Darm achtundvierzig Pfund Amber.

Als ich in jener Nacht unten im Mannschaftsraum bin, kommt Käp'n Symes den Lee-Laufgang herunter, und er sagt zu mir: ›Mr. Symes‹, sagt er, ›Sie sind der beste Mann aus New Bedford mit der langen Harpune. Unten in meiner Kajüte ist eine Kiste feinster Havanna-Zigarren und ein Fäßchen Jamaica-Rum. Sie gehören Ihnen für den Rest der Reise.‹

›Käp'n Symes, Sir‹, sage ich, ›ich wünsche keine von Ihren feinen Havanna-Zigarren und wünsche nichts von Ihrem Jamaica-Rum. Alles, was ich von Ihnen wünsche, Käp'n Symes, Sir, ist ein wenig christliche Höflichkeit, nur ein klein wenig davon!‹«

Jeels van Dijk hatte seine Erzählung beendet; er schwieg eine Weile und sah mich gutmütig an. »Du hast ja ganz heiße Wangen bekommen«, sagte er lächelnd; dann angelte er sich seinen Priem unter der Tischplatte hervor. Ich hatte viele Fragen auf den Lippen, aber ich wußte nicht, mit welcher ich beginnen sollte.

»Ja, mein Junge«, sagte Jeels, »sie sind rauhbeinig und fluchen zum Erbarmen, die Yankees. Aber sie sind gute Seeleute. Und vor einem Mann wie Jim Symes kann man ruhig die Mütze abnehmen.

Und jetzt mußt du nach Hause. Deine Mutter hat das Abendbrot sicher schon auf dem Tisch stehen.« Ich gab ihm die Hand und bedankte mich für die spannende Geschichte, dann kletterte ich an Land. »So long, mien Jung!« rief der alte Wachtmann mir nach.
Auf der Turmspitze des Rathauses blitzte das kupfergetriebene Schiff in der Abendsonne. Frühjahrsschein lag auf den Häusern und Packhausgiebeln an der Westerbutvenne. Aber das nahm ich kaum wahr. Mein Herz war irgendwo auf den sieben Meeren.
Und zu Hause saßen sie schon alle um den Abendbrottisch. Ich wollte guten Abend sagen, aber ich sagte: »There she blows!« Sie guckten mich verdutzt an.
»Was soll das denn bedeuten?« fragte meine jüngste Schwester. Und da erzählte ich ihnen das Garn, das Jeels mir gesponnen hatte, und die Mutter meinte, Jeels van Dijk sei wohl unklug, Jungen Geschichten zu erzählen, in denen so unmenschlich geflucht würde. Doch der Vater sagte: »Er trägt manchmal etwas dick auf, der gute Jeels, aber es kommt mir vor, als ob er diesmal ein recht gutes Garn gesponnen hat.«
Und damit: So long!

In Winterlage

Eine Alt-Emder Geschichte

Der Schiffer Hinrich Mintjer in Barßel bekam es eines Tages, nicht lange nach Neujahr, mit der Unruhe. Er war sich über die Gründe dafür nicht ganz im klaren, aber soviel war gewiß: er hielt es zu Hause nicht mehr aus; er mußte nach seinem Schiff sehen.
Warum eigentlich? Seine Galiot ›Gesina‹ lag doch gut und sicher im Hafen von Emden. Das Schiff befand sich, gleich vielen anderen um diese Jahreszeit, in der Winterlage. Was konnte ihm dort geschehen? Nicht die Bohne. Und Klaas Harms, Steuermann der ›Gesina‹, war doch wohl ein zuverlässiger Wachtmann — so sonderbar er sich auch oft gab. Aber das war es ja gerade: Klaas Harms! Konnte der nicht zuweilen ein Gesicht aufstecken, als ob er mit dem Bösen im Bunde stünde? Ein guter Seemann, Harms, zweifellos, aber — nein, er, Kapitän Hinrich Mintjer, mußte einmal nach dem Rechten sehen. Daran ging kein Weg vorbei. Und so langte er denn eines klaren Januarmorgens in Emden an.
Es hatte leicht gefroren, aber der Hafen war eisfrei. Der Winter ließ noch auf sich warten.
Als Hinrich Mintjer in Emden auf dem Strohdeich stand und den kahlen Mastenwald der in Winterlage liegenden Schiffe nach den vertrauten Linien seiner Galiot absuchte, konnte er sie zunächst nirgends entdecken. Hatte Klaas Harms einen anderen Liegeplatz nehmen müssen? Oder hatte der Steuermann eigenmächtig gehandelt? Hinrich Mintjer wurde ärgerlich. Das Wetterglas seines

Gemüts fiel noch tiefer, als es schon zu Hause, wo er sich vor innerer Unruhe nicht zu bergen gewußt, gestanden hatte. Wenn er eigenmächtig gehandelt hatte, sollte der Teufel den Steuermann holen!

Wie sie so Kopf an Kopf dalagen, die schlafenden Schiffe aller Typen, vom Dreimaster bis zur Torfmutte, träumend von stürmischen Fahrten und Schönwetterreisen auf manchen Meeren, boten sie einen seltsamen Anblick. Ein Gewirr von Trossen lief von den Vorschiffen aus auf die Bohlenringe und Pollerpfähle der Kajung zu; an Duckdalben, die in bestimmten Abständen am Rande des Hafenfahrwassers standen, waren die Achterleinen befestigt. Und so wie hier, an der Osterbutvenne, lagen sie noch zahlreicher in den anderen Hafenbecken der alten Handelsstadt. Im Ratsdelft und, jenseits der Kettenbrücke, im östlichen Zuge des Faldern-delfts — bis zum Hitland und Roten Siel. Man konnte die Masttoppen der größeren Schiffe vom Strohdeich aus sehen.

Aber den Kapitän der ›Gesina‹ kümmerte dies alles nicht. Wo war sein Schiff? Das war der einzige Gedanke, der ihn beherrschte. Er lief auf dem Strohdeich hin und her und suchte und suchte — nicht ohne Klaas Harms wegen seiner Eigenmächtigkeit, an der er jetzt nicht mehr zweifelte, herzhaft zu verfluchen. Plötzlich entdeckte er sein Schiff. Es lag, den Steven seewärts gerichtet, an einem Dalben östlich Schreyers Hoek. Was sollte dies bedeuten? Des Schiffers Mißtrauen wuchs. Was führte der verdrehte Steuermann und Wachtmann Klaas Harms im Schilde?

Dem mußte man auf die Spur kommen!

Obgleich Hinrich Mintjer ein wenig zum Poltern neigte, war er im allgemeinen ein besonnener Mann. Er gehörte

zu denen, die sich eine Sache gründlich überlegen, bevor sie sie anpacken.
Er beschloß zu warten, bis es dunkel war. Dann wollte er sich mit einer Hafenjolle an Bord seines Schiffes wricken lassen.
Inzwischen ging er in ein Wirtshaus, das in der Nähe der Kettenbrücke, unten am Strohdeich lag, an der Ecke der Kranstraße, dort, wo früher die Gaststätte ›Über Land und Meer‹ gestanden hatte.
Als echter Barßeler war Mintjer ein sparsamer, nüchterner Mann. Aber heute ließ er sich die Sache etwas kosten. Er aß gut und trank mehr, als er zu trinken gewöhnt war. Doch löste ihm das Trinken nicht die Zunge. So sehr es ihn bewegte: er sprach zu niemandem von dem, was mit seinem Schiff los sein mochte und was er vorhatte, um hinter dieses Geheimnis zu kommen. Das fiel ihm nicht leicht. Denn immerzu strich der Wirt, wie Wirte manchmal sind, um ihn herum. Aber der Kapitän, den man in diesem Stadtteil nicht kannte, weil er, wenn sein Schiff in Emden lag, für gewöhnlich eine der Hafenwirtschaften am Delft aufzusuchen pflegte, wich allen neugierigen Fragen brummend aus.
Abends, als es dunkel genug war, ließ er sich an Bord der ›Gesina‹ bringen, nachdem er vorher dem Jollenführer eingeschärft hatte, sich der Galiot möglichst geräuschlos zu nähern, da es gelte, den Wachtmann zu überraschen. Mintjer gelangte auch unbemerkt an Deck, und während die Jolle leise wieder ablegte und davonfuhr, schlich er sich in die Segelkoje, um dort abzuwarten, was sich ereignen würde. Er wickelte sich in ein altes Focksegel, schob das nicht eben weiche Kopfkissen, einen plattgedrückten Korbfender, auf dem er sein großes, buntgewürfeltes Taschentuch gebreitet hatte, zurecht und wartete. Aber —

lag es an den Schnäpsen, die er zwischen dem Bier getrunken, oder an der dumpfen Luft in der engen Segelkoje? — es dauerte nicht lange, da schlief, schnarchte und sägte er wie drei Schiffszimmerleute.
Und nun hatte er einen sonderbaren Traum. Oder geschah wirklich, was ihm träumte? Er vermochte es später nicht genau zu unterscheiden.
Es war, als fahre das Schiff mit ungeheurer Geschwindigkeit bald durch die Luft, bald auf dem Meer dahin. Das Fahrzeug krachte und schütterte in allen Spanten und Fugen. Blöcke kreischten, Schäkel knarrten, und in den, wie es schien, bis zum Platzen gespannten Segeln schwang ein unablässiger sausender Ton von solcher Gewalt, als hätten sich alle Orkane der Erdkugel darin gefangen.
Hinrich Mintjer war kein ängstlicher Mann, aber jetzt hätten ihn keine zehn Pferde an Deck gekriegt. Er lag da, wußte nicht, ob er träumte oder wachte und sagte sich: Der Himmel mag wissen, was jetzt geschieht, aber ich gehe nicht an Deck.
Seiner Berechnung nach dauerte die tolle Fahrt nicht viel länger als eine halbe Stunde, dann wurde es still. Das Getrappel an Deck, das er während der rasenden Reise vernommen hatte, hörte mit einem Schlage auf. Nicht das geringste Geräusch war zu hören. Das Schiff lag still wie in einem Teich, und von Deck drang nicht der leiseste Laut zu ihm in die Segelkoje.
Als er sich einigermaßen von seiner Verstörtheit erholt hatte, drängte es ihn zu erfahren, woran er war. Er schälte sich aus dem Focksegel heraus und öffnete vorsichtig das Luk. Es regte sich nichts, alles war still. Obwohl noch etwas verwirrt, wagte er es, das Luk so weit zu verschieben, daß er seinen Kopf hindurchstecken und nach drau-

ßen sehen konnte. Zu seinem Erstaunen war es heller-lichter Tag. Er blinzelte geblendet, und dann sah er, der doch viele fremde Länder kannte, daß das Schiff an einem ihm vollständig unbekannten Gestade lag. Ganz in der Nähe des Schiffes bemerkte er Bäume von einer Art, wie er sie nie zuvor gesehen hatte. Er begriff nicht, in welche Ecke der Welt er unversehens gelangt war. Träumte er, oder war es Wirklichkeit, was sich hier seinen erstaunten Augen darbot? Aber nirgends, wohin er auch spähte, entdeckte er ein menschliches Wesen.

Endlich faßte er Mut und ging an Land. Aber er ging nicht weit vom Schiff weg. Er hatte das Gefühl, in der Nähe bleiben zu müssen. Es war ihm, als sei er auf einem fremden Stern gelandet, und nur die ihm vertraute gute alte ›Gesina‹ könne die für den Augenblick anscheinend unterbrochene Verbindung mit dem irdischen Dasein wiederherstellen. Er hatte den heißen Wunsch, von den goldfarbenen Früchten, mit denen die unbekannten Bäume beladen waren, einige mitzunehmen. Aber er unterdrückte ihn. Er wußte nicht, warum. Eine innere Stimme warnte ihn davor, schien es ihm. So ging er denn wieder an Bord und in sein Versteck zurück.

Sorgfältig schloß er das Luk und kroch wieder unter das Focksegel, neugierig genug, was nun weiter geschehen würde.

Lange hatte er noch nicht gelegen, da vernahm er Schritte an Deck. Taue wurden losgeworfen, Segel gesetzt, und wieder ging eine wahre Teufelsfahrt los. Bald schien es durch die Luft zu fliegen, bald spaltete das Schiff die Wogen, als ob der Teufel selber das Kommando führte. Dies schien auch der Fall zu sein. Denn einmal gab es einen solchen Stoß, daß es sich anhörte, als ob die gute ›Gesina‹ über ein höllisches Riff hinweggeschrammt sei. Das war kurz vor dem Ende der wahnwitzig raschen Reise.

Nachdem die Fahrt wieder etwa eine halbe Stunde gedauert hatte, schien man einen neuen Hafen anzulaufen. Segel wurden geborgen, Taue festgemacht. Und als dies getan war, wurde es wiederum stockstill auf dem Schiff — als ob nichts geschehen sei.

Mit wüstem Kopf und wie gerädert kroch der Schiffer am frühen Morgen aus seinem Schlafhohl; man konnte wirklich nicht behaupten, daß es mit Eiderdaunen gepolstert gewesen war. Das Schiff lag an dem gewohnten Platz im Hafen von Emden. Soviel stellte Hinrich Mintjer gleich fest. Aber gestern hatte es doch am Dalben gelegen, wenn ihn nicht alles täuschte! Wie hing das nun wieder zusammen? Er zerbiß einen Fluch und kreuzte auf das Wasserfaß los, dort tat er einen tiefen Trunk, denn die Kehle brannte ihm wie Feuer, wahrscheinlich von dem etwas reichlich gewürzten Labskaus, das er gestern gegessen. Als er getrunken hatte, wischte er sich mit dem Handrücken den Mund ab und sah sich auf Deck um. Es war ja alles Unsinn! Es war doch klar, daß er den ganzen Zauber heute nacht geträumt hatte. Daran waren nur die verdammten Schnäpse schuld. Da sah er, daß die Trossen, mit denen die ›Gesina‹ festgelegt war, falsch geknotet waren. Das waren doch keine Schifferknoten! Alte Weiber- und Hexenknoten schienen es zu sein! Solche Landrattenarbeit konnte ein alter Seemann wie er nicht lange ansehen. Er löste Knoten um Knoten und belegte die Trossen von neuem, und zwar, wie es sich gehört.

Aber nun war seine Wut über den Wachtmann, der solch eine Schluderei hingehen ließ und, nach allem, was während der Nacht geschehen war, mit dem Teufel und seinen Maaten in Verbindung zu stehen schien, von neuem entfacht. Ohne viele Umstände purrte er ihn, der es sich in der Kapitänskajüte gemütlich gemacht hatte, heraus. Klaas Harms fuhr erschreckt aus der Koje hoch, als er Fäuste gegen die Kajütskappe trommeln und, wenn er sich nicht irrte, die zornige Stimme seines Kapitäns draußen schimpfen hörte. Er sprang aus der Koje und öffnete verbiestert die Kajütskappe.

Hinrich Mintjer schoß gleich auf das Ziel los. Wo der Steuermann heute nacht gewesen sei, wollte er wissen. Harms starrte seinen Kapitän offenen Mundes verwundert an. Was mag mit dem Alten los sein, und woher kommt er in aller Herrgottsfrühe?, fragte er sich. Gewesen? Heute nacht gewesen? »Slapen hebb ik, Kaptein«, sagte er schließlich, und es ging etwas wie ein grinsendes Verstehen über sein gutmütiges Gesicht, das auch nicht die Spur eines Spökenkiekers an sich hatte.

»So! Un warum hett dat Schipp sien Liggeplaats wesselt hatt?«, fragte der Kapitän mit einem triumphierenden Unterton.

Wie kann er das denn nun schon wissen?, fragte sich der Wachtmann und schlüpfte erstmal in die Hosen, denn es wurde ihm kalt bei diesem Examen. »Ogenblick«, sagte er, und es war, als ob er mit der Hose seine Autorität als Steuermann, die es gegebenenfalls auch dem Schiffer gegenüber zu wahren gilt, wiedergewonnen hätte. Denn er ließ sich Zeit, und als er sich angezogen hatte, brachte er erst den Kanonenofen in Gang und setzte Teewasser auf.

Hinrich Mintjer ließ ihn gewähren. Er hatte sich müde auf das Wachstuchsofa fallen lassen. Es waren ihm einige Zweifel an seinem Verdacht aufgestiegen. Jetzt hielt er es für besser, die Erklärungen des Steuermanns ruhig abzuwarten.

Der ließ ihn nicht lange im Ungewissen. Vorgestern hatte er Order vom Hafenamt gekriegt, den Liegeplatz mit dem Schiff zu räumen und es vorläufig an einem Duckdalben festzumachen. Man stelle sich vor: mitten im Winter! Er habe sich gefragt, ob die Leute auf dem Hafenkontor unklug geworden seien. Aber das habe ihm nichts genützt. Ganz allein und ohne fremde Hilfe habe er das Schiff verholt, und das sei ein verdammt saures Stück Arbeit gewesen, das könne der Kapitän ihm glauben. Aber — solle man es für möglich halten? — die ganze Schufterei sei umsonst und für die Katz gewesen, und die Kerle da auf dem Hafenkontor hätten ja wohl den Teufel in ihren Papieren gehabt. Denn was sei geschehen? Gestern mittag sei ein Gegenbefehl erfolgt: Das Schiff ist sofort nach seinem ursprünglichen Liegeplatz zurückzuverholen, am Dalben belemmert es den Hafen! Klaas Harms machte eine Pause, als warte er auf einen empörten Zwischenruf des Kapitäns. Aber Hinrich Mintjer saß so abwesend da, daß er sich nur zu der einen Frage, die ihn noch bewegte, aufraffen konnte: »Un wo kummt et, dat de Trössen heel un dall verkehrt fastmaakt wassen?«
»Och«, antwortete Harms und lächelte nachsichtig, »dat is licht to verklaren. As Tegenörder kwamm, kunn ik't Schipp natürelk neet för't twede Mal allennig verhalen. Dat harr mi wall nüms anmoden wesen kunnt, Kaptein. Ik muß sehn, dat ik'n paar Lü up Straat to faten kriegen dä, de mi hulpen, un dat is mi güstern avend laat glückt. Man ik sach futt, ik harr keen gode Greep daan. De Minsken verstunnen van 't Schippswark rein nix. 't hebben je wall luter Zigeuners un Zigarrenmakers of so 'n Soort Volk west ... So is dat mit de falske Steken up de Trössen to verstahn, Kaptein ... Un ik hebb der 'n bietje Utlagen van hatt«, schloß der Wachtmann.

»Utlagen? Dat kummt in de Riege«, sagte Hinrich Mintjer hastig. Klaas Harms sah ihn an, als warte er auf eine allgemeine und ausführliche Erklärung des Kapitäns. Warum war er gekommen? Und dazu noch zu einer so verrückten Zeit!
Als sie nicht erfolgte, fragte er nicht, sondern bereitete den Tee und holte Brot und Butter aus dem Spind.
Hinrich Mintjer wußte nicht, was er zu den einleuchtenden und vernünftigen Äußerungen, die jeden Zweifel behoben, sagen sollte. Er schämte sich ein wenig. Es war am besten, die ganze Geschichte zu einem guten Ende zu bringen. Und so verschwieg er dem Steuermann die nächtliche Traumfahrt mit den Elementargeistern oder was es für Teufelszeug gewesen sein mochte. Und brauchte der Steuermann zu wissen, daß sein Kapitän die Nacht in der Segelkoje verbracht hatte? Nichts davon!
Mittags fuhr Hinrich Mintjer, innerlich befriedigt und beruhigt, aber mit dem Gefühl einer gewissen Verwunderung über die Natur des Menschen, oder besser: seines eigenen Ichs, mit dem Bewußtsein nach Barßel zurück, daß er während dieses Winters nicht noch einmal nach Emden zu reisen und auf seinem Schiff nach dem Rechten zu sehen brauchte.

Nebel über dem Wattenmeer

Der Nebel ist keines Menschen Freund. Da mag einer sagen, was er will: es ist schon so. An Land nicht und erst recht nicht auf See. Verhängnisvoller aber als irgend sonst wirkt er sich im Wattenmeer aus. Dafür gibt es Beispiele genug. Da kann es geschehen, daß sich selbst erfahrene Fischerleute nicht mehr auskennen und gefährlich täuschen.

Wie war es doch mit dem Baltrumer Tjark Eilts, der die Seemannsschule in Timmel besuchte?

Gegen Weihnachten des Jahres 1866 herrschte jenes feuchte, neblige Wetter, das man um diese Jahreszeit so oft an der Nordseeküste erlebt: der Winter will sich nicht durchsetzen; erst nach Neujahr beginnt es ein wenig zu frieren. Um so dichter und trostloser aber braut der Nebel über Land und Meer. Ein paar Tage vor Weihnachten, an einem Sonntag früh, erreicht der Steuermannsschüler Tjark Eilts endlich den Deich bei Neßmersiel. Er ist die ganze Nacht gewandert und kommt geradewegs von Timmel im Auricherland. Es ist sechs Uhr morgens, als er durch die leeren Gassen zum Hafen geht. Man merkt, er weiß hier Bescheid. Obwohl es noch stockdunkel und obendrein dick von Nebel ist, findet er sich zurecht. Bei einem Fischerhaus, das sich das Dach tief über die Ohren gezogen hat, hält er an und klopft an die Scheiben.

Nach einer Weile wird die Haustür halb geöffnet. Ein bärtiger Fischerkopf lugt nach draußen. »Wer ist da?«

fragt der Mann und späht aus verschlafenen, aber doch schon wachen Augen des Fischers und Fährmanns, der Überraschungen gewohnt ist, scharf nach dem Fremden aus.

»Tjark Eilts ist es, Kassen Willms«, erwidert der junge Seemann. »Ich möchte hinüber nach Baltrum. Ist das Boot flott? Setzt mich gleich über, du und Jan.«

»Komm zunächst mal herein, Tjark«, sagt Kassen Willms und öffnet die niedrige Tür ganz.

Tjark Eilts, hoch und schlank gewachsen, muß sich bücken, als er die Türschwelle überschreitet.

Der Alte führt ihn in die Küche und bietet ihm einen Stuhl an. Dann prökelt der Fischer das Feuer auf der Herdplatte an. Die Torfsoden sprühen Funken; seltsame Schatten huschen durch den engen düsteren Raum, während Kassen Willms, ein bärtiger Gnom, in blauwollenen Unterhosen vor dem Feuer hockt und schweigend mit der klirrenden Zange hantiert.

»Bist ja mächtig früh zu Beine«, unterbricht der Alte das Schweigen. »Woher kommst du bei Nacht und Nebel?«

»Von Timmel, Kassen. Du weißt, ich besuche dort die Seemannsschule. Weihnachten über haben wir frei. Es ließ mir keine Ruhe, ich habe mich gestern gleich auf den Weg gemacht nach Neßmersiel, damit ich heute morgen noch nach Baltrum käme ... Bringt ihr mich gleich hinüber?«

Das Feuer glort auf. Kassen Willms hängt bedächtig den Kessel an den Haken und richtet sich dann auf. »Wart mal«, sagt er, geht an die Schlafbutze, wo seine Kleider auf dem Stuhl davor liegen, und zieht sich die Hose an. »Wenn man keine Büx' anhat«, grinst er, »ist man doch bloß ein halber Kerl.« Tjark Eilts lacht. »Das habe ich doch wahrhaftig nicht bemerkt«, sagt er. »Wie wär's, wenn du ein wenig Licht machtest?«

»Damit du unsere Junggesellenwirtschaft besser überblicken kannst, Tjark?« fragt, sich den Leibriemen umschnallend, der Alte. »Aber recht hast du, wir müssen sehen können, was wir sagen.« Und er zündet die Tranfunzel an. Ein bißchen heller und gemütlicher ist es nun in der Küche, und größer und lebendiger tanzen in den Ecken die Schatten.

»Ja«, fährt Kassen Willms fort und setzt sich in den Hörnstuhl, »hinüber willst du, und das bald. Kann mir vorstellen, daß du ungeduldig bist. Ihr jungen Kerle wollt alles möglichst rasch bewältigen. War auch mal so einer, ja ... Aber es ist pottdick draußen, Tjark; warten wir nicht lieber, bis sich der Nebel etwas verzogen hat?«

»Da können wir lange warten, Kassen.«

»Na, gegen Mittag wird es wohl ein wenig aufklaren, denke ich.«

»Nein, Kassen, ich habe keine Ruhe und Geduld. Ich habe mir vorgenommen, vor Beginn der Kirchzeit auf der Insel zu sein. Und wer weiß, ob der Nebel nicht noch dicker wird im Laufe des Tages. Bringt mich hinüber, du und Jan ... Wo ist Jan?«

»Jan ist im Schafstall«, antwortet Kassen Willms. »Aber sei nicht ungeduldig! Das Teewasser kocht schon, und gefrühstückt hast auch du noch nicht, glaube ich.« Damit steht er auf, um sich wenigstens erst mal zu waschen und dann das einfache Frühmahl herzurichten. Aber bevor er hinausgeht, setzt er rasch noch den Tee an, denn der Wasserdampf steigt bis an die Balken.

Ja, Tjark sieht ein: er muß sich gedulden; ganz abgeneigt scheint der Alte ja nicht zu sein. Er sieht sich ein wenig um in der Küche. Es ist hier nicht so blitzsauber wie daheim bei der Mutter, aber unsauber auch nicht, nur unordentlich. Das Schiffsbild da über dem Kamin, wie

lange ist das nicht abgestaubt worden. Man merkt, die Frauenhand fehlt in diesem Hause.
Tjark wird müde in der dumpfen Luft, die ihn hier umgibt. Nun spürt er, daß er die ganze Nacht getippelt ist. Mit einem merkwürdig unwirklichen Gefühl nimmt er alles um sich her wahr. Kaum, daß ihn später der Tee und das einfache Mahl, zu dem Kassen Willms ihn gastfrei einlädt, etwas aufmuntern.
Aus dieser Art von Betäubung erwacht er erst wieder, als sie im Boot sitzen und den Hafen verlassen. Er und Jan rudern drauflos, während Kassen das Steuer handhabt. Aber was nützt steuern bei diesem Nebel! Alle paar Bootslängen sitzen die Riemenblätter im Schlick der Prielkante fest. Es wird erst besser, als sie aus den Prielwindungen heraus und im freien Wattenmeer sind.
Hier setzt der Flutstrom stärker ein. Die See ist glatt wie Öl. Kein Windhauch ist zu spüren. Und ein Nebel, so dicht, daß Kassen Willms meint, ein Marlspieker könne darin treiben, und es sei am besten, zum Siel zurückzukehren.
Aber davon will Tjark Eilts nichts wissen; Kassen mit seiner großen Erfahrung werde es schon schaffen, meint er. Er legt sich stärker in die Riemen und zwingt dadurch Jan, dem das nicht recht paßt, mit ihm Strich zu halten. Nein, Tjark will nach Baltrum und zu Hause Weihnachten feiern.
Kassen Willms späht scharf in den Nebel und kaut nachdenklich seinen Tabak.
Das, was der ungeduldige Draufgänger da von seiner langen Erfahrung sagte, ist gut gemeint und sagt ihm zu; aber es hat sich was mit der Erfahrung, wenn man nicht eine Bootslänge weit sehen kann. Wo, zum Kuckuck, steht die nächste Besenbake? Verdammter Schiet! ...

Aber was denn? Der Jungkerl will hinüber zur Insel, das hat er sich nun mal in den Kopf gesetzt; umzukehren hat auch keinen Sinn, unsicher ist eines wie das andere. Ja, und er, Kassen, kann das Fährgeld jetzt vor Weihnachten gut gebrauchen. Das ist sicher. Und hat es bei früheren Fahrten nicht immer best' geklappt, wenn auch das Wetter unsicher war? Immer! Wenn er Fahrtrichtung und Strömung gegeneinander abwägt und in Rechnung zieht, geht die Sache klar. Und Kassen Willms, der, um die Wahrheit zu sagen, sich eine Zeitlang schwankend und unsicher fühlte, wird wieder zuversichtlicher. »Lange Erfahrung«, hat der Steuermannsschüler gesagt ... Wohl, wohl! Kassen Willms verspürt Ehrgeiz. Sein Berufsstolz ist geweckt. Aber ganz will die Unruhe doch nicht von ihm weichen.

Unverdrossen rudern die beiden jungen Männer. Auch Jan ist jetzt in Fahrt gekommen: Tjark Eilts reißt ihn mit. Ja, Tjark pullt hart zu. Dem geht es wahrhaftig noch nicht schnell genug, denkt Jan, ob da ein Mädchen dahintersteckt? Aber er hütet sich wohlweislich, diesen Gedanken in Worten auszudrücken. Denn was ist er gegen den großen Tjark Eilts, der die Steuermannsschule besucht und schon alle sieben Meere befahren hat? Ein Schlickrutscher, weiter nichts. Aber wartet nur: auch Jan Willms geht eines Tages auf große Fahrt!

Es werden nicht viele Worte gewechselt. Nur das rhythmische Janken und Knarren der Riemen in den Dollen und das kluckernde Rauschen des Wassers am Bootsbug unterbrechen die eintönige, graue Stille.

Mit jedem Ruderschlag komme ich der Insel näher, denkt Tjark. Das Herz wird ihm warm. Seine Gedanken eilen dem Boot voraus. Scheu sieht er Hilke vor sich, die kleine Gespielin seiner Kinderjahre; wie fein und schlank

das Mädchen geworden war, als er sie vergangenen Herbst nach jahrelangem Umherschwalken auf manchen Meeren zum ersten Mal wiedersah; jetzt sieht er sie vor sich: schwebt sie nicht, eingehüllt in eine rosige Wolke, mitten im grauen Nebel ständig über dem Heck des Bootes, mit den Fußspitzen den dicken blauen Klunker auf der Wollmütze des guten Kassen Willms fast berührend? Und was die andern für Augen machen werden, wenn er gleich in die Stube tritt! Zur Mutter wird er sagen: »Moderke«. Der Vater, im Hörnstuhl, wird ihm einen rauhen Willkommensgruß bieten. »Hallo, Stüürmann!« wird er vielleicht sagen, und dann will der alte Kapitän irgend etwas Neues von der Schule wissen, etwa auf welche Weise man dort jetzt lehrt, den Schiffsort zu bestimmen, und derlei nautische Dinge mehr. Und die Schwestern, Almt und Frauke, — ja, für die hat er eine Kleinigkeit mitgebracht. Nicht viel, ein paar Pflaumentörtchen nur vom Timmeler Bäcker und für jede eine Haarschleife. Er hat den Kram in eine leere Zigarrenkiste gepackt; hoffentlich schmecken die Törtchen nun nicht nach Tabak! Das Kistchen liegt unter der Ducht am Heck des Bootes verstaut. Daß er nur ja nicht vergißt, es mitzunehmen, wenn er gleich an der Wattseite der Insel aussteigt!
So rudert Tjark seinen Törn, als ob er die Fahrt bezahlt bekäme, und dabei ist er doch eigentlich der Gast hier im Boot und wird das Fahrgeld nicht schuldig bleiben. Aber Tjark Eilts ist Seemann, er muß mit zupacken auf einem Fahrzeug und wenn es noch so klein ist. Übrigens weiß er auch: sich im offenen Boot Bewegung machen bei Wintertag ist erträglicher, als untätig herumsitzen und frieren.
Aber was hat Kassen Willms? Kaum kann man seine Gesichtszüge erkennen, obwohl sie sich auf anderthalb

Meter gegenübersitzen. Macht er nicht eine unsichere Miene, der Alte?
»Hallo, Kassen«, sagt Tjark, »müssen doch bald da sein, meine ich.«
»Ja«, sagt der Alte, »lange kann es nicht mehr dauern. So pottdick wie heute ist es mein Lebtag nicht gewesen.«
»Die Stein-Plate müssen wir doch schon achteraus haben.«
»So rechne ich auch, Tjark«, sagt der Fischer.
Sie rudern weiter, unentwegt. Jan möchte wohl ein wenig verschnaufen, aber er will nicht hinter Tjark Eilts zurückstehen; dickköpfig, wie er nun einmal ist, hält er durch und kneift die Lippen schmaler.
Plötzlich fassen die Riemenblätter Grund, und kurz darauf schurrt der Kiel über den Sand.
Kassen Willms sagt aufatmend: »Da wären wir also.« Sie pullen sich so weit wie möglich heran. Sie sind an einer Steilkante gelandet. Tjark braucht nicht durch das kalte Wasser zu waten; ein Sprung vom Steven kann ihn aufs Trockene bringen.
Ach, wie eilig er es jetzt hat, der ungeduldige Tjark! Rasch bezahlt er das Fährgeld; Kassen tut, als ob er nichts annehmen will, und meint, das hätte bis nach den Feiertagen Zeit. Aber nein, Tjark Eilts zahlt, verabschiedet sich eilends und springt an Land.
»He, dein Kistchen«, erinnert Jan, faßt unter die Ducht und wirft es Tjark zu. Der fängt es auf, lacht und sagt: »Gut, daß du daran gedacht hast, Jan. Ich hätte es doch wahrhaftig vergessen ... Gute Heimfahrt nun. Kommt heil zurück zum Siel!«
Sie stoßen das Boot mit den Riemen von der Steilkante ab, und schon kann Tjark es nicht mehr sehen, der brei-

ige Nebel hat es verschluckt. Ein paar Rufe noch hin und her. »Fröhliche Weihnachten« schallt es aus dem Boot, und »Fröhliche Weihnachten« antwortet es vom Strand. Das seltsam seufzende Janken der Riemen ist noch kurze Zeit zu hören ... Nun verklingt dieser Laut.
Nur die Flutwellen wandern, leise zischend, ihren Weg. Und drückend lastet ungeheures graues Schweigen über See und Sand.
Tjark Eilts, sein Kistchen unterm Arm, stapft durch den schlickigen Sand. Bald muß der Heller kommen ... Der Himmel mag wissen, an welcher Ecke der Insel sie ihn an Land gesetzt haben. Plötzlich stockt sein Fuß: Wasser! Ist das ein Hiesel? Aber seit wann gibt es denn an der Wattseite Hiesel, jene Einschnitte des Meeres, die mit dem Strand eine Strecke gleichmäßig verlaufen? Die gibt es doch nur an der Seeseite! Aber wer weiß. Er geht an dem Saum des Wassers entlang und will den Meereseinschnitt umgehen. Doch der Hiesel nimmt kein Ende, das Wasser ist immer noch da. Unruhe erfaßt ihn. Rasch läuft er den Weg, den er gekommen ist, zurück, seine eigenen Fußspuren leiten ihn. Sonderbar ... Hat die Strömung dem Boot einen Streich gespielt? Mit einem Male packt ihn die furchtbare Gewißheit: dies ist nicht Baltrum, dies ist eine Sandbank im Wattenmeer!
Das Boot!
Um Gottes willen, ist das Boot noch in der Nähe?
Er ruft und lauscht.
Keine Antwort.
Er schreit, so laut er kann.
Nichts. Kein Ton.
Am Rande der Sandbank entlang rennend, stehenbleibend, gespannt auf Antwort lauschend, das alles immer wieder und wieder, so irrt er wie ein Wattengespenst im

undurchdringlichen Nebel umher. Wie ein Wattengespenst? Ja, so mag es wohl scheinen, aber hier schreit ein junger Mensch, der vom Leben noch vieles zu fordern hat, um Rettung aus bitterster Not.
Allmählich wird er ruhiger. Er sieht ein, es ist nutzlos, zu rufen. Das Boot ist weg, und Gott mag wissen, woher überhaupt Hilfe kommen soll.
Er überdenkt seine Lage.
Wo befindet er sich? Unzweifelhaft auf einem der Ausläufer der Stein-Plate, an der Nordostecke dieser Sandbank vielleicht. Dann muß nördlich, oder einen halben Strich nach Westen zu, das Ostdorf von Baltrum liegen, und zwischen seinem Standort und der Westseite der Insel fließt das breite Fahrwasser zwischen Festland und Inseln. Schwimmen? Die Entfernung ist zu groß, und selbst zur warmen Jahreszeit wäre das, des reißenden Gezeitenstromes wegen, vergebliche Mühe. Wieviel mehr mitten im Winter und ohne jeglichen Richtungspunkt in diesem düsteren Nebelgrau!
Dennoch: dort liegt das Ostdorf! Muß es wenigstens liegen. Er glaubt, es doch deutlich zu sehen! Zwölf Friesenhäuser stehen auf den Dünen ... Blinkt ein Licht durch den Nebel? Und wieder ruft er, ruft und lauscht.
Keine Antwort, kein Lichtzeichen, daß ihn auch nur eine Menschenseele gehört hätte. Weiß aufblinkend im stumpfen Grau fliegt, unwirklich groß, etwas Schattenhaftes dicht an ihm vorbei: eine Möwe; deutlich sah er den vorn gekrümmten starken gelben Schnabel und das kalte, unbarmherzige Auge. Wiederum packt ihn die Verzweiflung. Wie irrsinnig rennt er im Kreise umher, bis ihn das eisige Wasser, das steigt und steigt und in das er jetzt bei jedem Schritt hineinpatscht, wieder halbwegs zur Besinnung bringt.

Ja, die Flut steigt. Sie gehorcht einem ewigen Gesetz und läßt sich nicht einen Millimeter von der ihr zugemessenen Höhe nehmen. Unerträglich aber ist es, daß sie scheinbar so harmlos angerollt kommt. Käme sie doch, wie an der Seeseite, im donnernden Gang der Brandung! Da weiß man doch, woran man ist. Aber dieses tückische Geschleiche mag der Satan holen!
Jetzt steht er bis an die Knie im ziehenden Flutstrom. Von den Menschen verlassen, kämpft er mutterseelenallein im wüsten, winterlichen Wattenmeer einen bitteren, hoffnungslosen Kampf. Er hat nichts, woran er sich klammern könnte, nicht einmal eine Besenbake! Es mag sein, daß irgendwo am Rande der Plate solch ein verankertes, kahles Birkenbäumchen aufragt — aber wo? Vergeblich hat er auch danach schon gesucht. Nein — nun wird es ihm unheimlich klar: es gibt keine Rettung mehr für ihn! Er muß sich darauf vorbereiten, hier zu sterben. Und nun zeigt es sich: der junge Steuermannsschüler und Inselfriese Tjark Eilts versteht, zu sterben.
Er nimmt sein Notizbuch heraus und schreibt auf, wie es hier um ihn steht. Da steht er breitbeinig über der überspülten Sandbank und kämpft gegen den pressenden Flutstrom; unaufhörlich muß er die halb erfrorenen Füße aus dem aufgeweichten, saugenden Sand ziehen und einen neuen Standort ertasten. Aber in den Kampfpausen schreibt er. Im kargen Stil eines Schiffstagebuches, wie er es auf der Seemannsschule in Timmel gelernt hat, setzt er den Angehörigen seine verzweifelte Lage auseinander. In steifen Lettern steht das auf dem Papier. Und als ihm das Wasser bis an die Hüften reicht und es schwer und schwerer wird, dem reißenden Flutstrom standzuhalten, da nimmt er mit schlichten Worten Abschied von denen, die ihm auf dieser Erde teuer sind.

Mit letzter Kraft, und das war schwerer noch als der bittere, salzige Endkampf, öffnet er dann das Kästchen mit der kleinen Weihnachtsgabe für die Schwestern, legt die beschriebenen Blätter hinein, verschnürt es wieder, schreibt dick den Namen und die Anschrift auf den Deckel und knotet sein seidenes Halstuch schützend und fest um die Zigarrenkiste. Dann läßt er sie treiben. Geduldig und gleichgültig, wie bei allem, das sich ihm anvertraut, trägt das Meer dieses erschütternde Vermächtnis davon.

Nun hat Tjark Eilts getan, was er in seiner Lage nur irgend tun konnte.

Ruhe erfüllt ihn jetzt.

Was soll er sich noch hier im Schlick abmühen?

Er befiehlt seine Seele dem Allmächtigen und wirft sich vornüber in die eiskalten Arme des Flutstroms. Er schwimmt ein paar Stöße. Lange braucht er sich nicht zu quälen. Die Kälte schnürt ihm das Herz ab, und ein Wirbel vor dem Rand der Plate packt ihn und zieht ihn in die Tiefe.

So starb Tjark Eilts.

Es sind nun viele Jahre her, seit er im Watt verschwunden ist. Aber die Erinnerung an ihn und seinen schweren Tod ist auf der ostfriesischen Insel Baltrum und in dem Küstendorf Neßmersiel heute noch lebendig. Denn wenige Wochen, nachdem er ertrunken war, trug das launische Meer, das zuweilen auch einmal barmherzig sein kann, jenes Kistchen an den Wangerooger Strand. Den Toten selbst aber gab die Nordsee nicht wieder heraus.

Strandholzsucher

Ein klarer Herbsttag steht über der Insel. Blau und hoch ist der Himmel. Manchmal nur gleiten leichte Schatten weißer Wolken über See und Sand. In den Dünen blinken die Beeren des Sanddorns gleich Blutkorallen. Lilafarben von abertausend Strandnelken ist es auf den Außenweiden. Auf dem Wattenmeer stehen zwei, drei braune Segel im flimmernden Dunst. Und an der Seekante leuchten im Drange der einsetzenden Flut die Schaumgürtel der Brandung um den weiten Strand.

Ein kleiner Handwagen fährt am Nordstrand entlang dem Dorfe zu. Dicht an der Flutlinie fährt er. Wer ihn von ferne sieht, dem erscheint er zuweilen merkwürdig groß und schwarz. Wenn es die Lichtbrechung will, sieht er wie ein Leiterwagen aus. Alle Gegenstände auf dem flachen Strande erscheinen größer, als sie in Wirklichkeit sind; man kann einen alten Hummerkasten, der irgendwo in der luftspiegelnden Weite der grellgelben Strandebene liegt, für ein Bootswrack halten.

Der den Handwagen zieht, ist ein hagerer Junge von zehn, elf Jahren. Er ist barfuß. Der Wind zaust ihm das gelbkrause Haar um den Kopf. Das gibt dem Jungen etwas Unbekümmertes, Draufgängerisches.

Jetzt hält er an und läßt die Deichsel auf den tennenharten Sand fallen.

»Brauchst nicht schieben, Maike«, sagt er zu dem kleinen Mädchen, das tapfer nachschiebend, hinterher gestapft

ist und nun die getürmte nasse Strandholzlast sorgsam festhält, so gut es kann.
»Soll ich dich draufsetzen? Kannst fahren, wenn du willst.«
Das kleine Mädchen mit seinen sieben Jahren kann nicht über den vollbepackten Wagen hinwegsehen. Es tritt zur Seite und steht wie ein Strich im Winde, der das leuchtend rote Röckchen bauscht und ein paar flachsweiße kurze Zöpfe um ihren Kopf wirbelt.
»Nein, Ode«, sagt es, »fahr nur zu! Ich will nachschieben.«
Die Stimmen der Kinder klingen hell und scharf vor dem dunkel drängenden Rollen der Brandung. Es ist, als schrien junge Möwen.
»Du willst also nicht. Gut. Aber wir wollen ein wenig ausruhen.«
Damit zieht der Junge den Wagen ein Stückchen höher strandauf und wirft sich platt hin.
Maike kommt herbei und hockt sich neben ihn. Der Junge zieht sie in seinen Windschutz. Das will freilich nicht viel bedeuten, denn Ode Jansz Visser, der Sohn des Walfänger-Kommandeurs Jan Gerritsz Visser, ist mager wie eine Harpune. Aber auch so zähe! behauptet Wybe Wyben, der alte Grönlandfahrer. Und was Wybe Wyben sagt, klingt zwar mitunter verwunderlich, trifft aber irgendwie das Richtige.
Es ist so sonderbar, auf dem flachen Strand zu liegen. Man sieht weit, und man sieht nicht weit. Da fliegen hoch oben die Seeschwalben in seltsam rüttelnden, sich überstürzenden Sternflügen. Sie können sich plötzlich, nachdem sie einen Augenblick wie festgenagelt am Himmel zu stehen scheinen, mit ihren spitzen, nach vorn gebogenen Flügeln Hals über Kopf herumwerfen, so daß

sie im nächsten Augenblick einem silbernen Stern gleichen, der ›kriit, kriit‹ schreit ... Da guckt man über den Strandwall hinweg und sieht die Brandungswellen herankommen, blinkend sich bäumen und mit einem Male unter grollendem Rollen weiß aufleuchten.

Die Kinder sehen das ohne große Gemütsbewegung. Es ist ihnen vertraut. So wie sie da auf dem offenen Strand hocken, gehören sie dazu, wie die Muscheln dazugehören und der Tang. Aber als sie nun eine Weile schweigend in die anrollenden Wellen geschaut haben, fragt Maike auf einmal: »Ode, wo liegt eigentlich der Hubert-Sand?«

Der Junge liegt platt auf dem Bauch, das Kinn in die rechte Hand gestützt, während der große Zeh des linken Fußes eine bereits ziemlich tiefe Rille in den Sand gegraben hat.

»Der Hubert-Sand? Du kennst den Hubert nicht?« springt er auf die Beine. Auch das kleine Mädchen steht auf und sieht ängstlich den Jungen an, der die Gegenfrage nicht ohne Spott gestellt hat.

Aber der Junge sieht ihre Hilflosigkeit. Und das entwaffnet ihn.

»Sieh, Maike«, sagt er, »wir können die Plate von hier aus nicht sehen. Aber ich will dir die Mündung der Westerems aufzeichnen.«

Rasch gleitet sein Blick suchend über eine der älteren Flutlinien ... Da sieht und greift er auch schon, was er sucht: ein Bambusrohr. Und schon rennt er damit auf eine besonders glatte, harte Strandfläche zu, die ihm die beste Schreibtafel dünkt. Atemlos kommt die Kleine mit fliegenden weißen Zöpfchen hinter ihm her.

»Sieh«, sagt Ode, »eigentlich bist du ja ein dummes Ding, daß du das noch nicht weißt. Aber ich mag dich gern ... Weine nicht, weil ich ›dumm‹ sag'!« Drohend schüttelt er den langen Zeichenstift.

»Und nun paß auf! Ich zeichne dir das so auf, wie Wybe Wyben, dein Großvater, es mir einmal erklärt hat ... Geh aus dem Weg!«

Verschüchtert geht Klein-Maike zur Seite.

»So.«

Der Junge ritzt zunächst mit dem Rohr ein größeres, nierenförmiges Gebilde in den Sand und ein gut Stück davon entfernt, nach Westen zu, ein kleineres, längliches. Dann tritt er zurück und stützt nachdenklich das Kinn auf den Bambus ... Geht wieder vor und zeichnet allerlei kleinere Kreise und zackige Langstücke. Wieder tritt er zurück und legt das sonnenverbrannte Jungengesicht in ernste Falten ... Dann geht er vor und zieht eine Anzahl Linien, welche die beiden größeren Gebilde abgrenzen und die Kreise und zackigen Langstücke verbinden, und dann schraffiert er die Verbindungen. »Das sind die Fahrrinnen«, murmelt er, ganz in seinem Kartenzeichnen aufgehend. Schließlich kommt noch ein schwungvoller, nach Südwesten verlaufender Strich mit breiten Schraffierungen davor. »Das ist Groningerland mit dem Uithuizer Watt«, sagt er und scheint das kleine Mädchen vergessen zu haben.

Die Kleine ist neugierig. Sie möchte wissen, was die Kritzelei bedeuten soll. Sie hat tausend Fragen auf den Lippen. Aber sie getraut sich jetzt nicht, den großen Jungen, der so ernst dreinschaut, anzureden. Sie trippelt und hüpft um ihn herum wie ein Seeregenpfeifer. Aber jetzt scheint er ja fertig zu sein.

»Sieh, Lüttje«, sagt er, »nun guck mal her! Aber vorsichtig! Zertritt nichts!«

Und nun zeigt er mit dem Bambusrohr zunächst auf das größere nierenförmige Gebilde:

»Das ist Borkum … warte, ich will ein B dabeischreiben — so. Also das ist Borkum, und das hier, weiter nach Westen, das ist Rottum, nicht wahr?«
»Ja«, sagt Maike und hüpft von einem Bein auf das andere, »ja, *das* ist Borkum und *das* ist Rottum.«
»Richtig«, sagt Ode großartig. Und dann zeigt er auf einen Kreis zwischen Borkum und Rottum. »Das ist die Hubert-Plate oder der Hubert-Sand, wenn du willst. Da stranden oft Schiffe. Ich war noch nicht mit dort, wenn es etwas zu bergen gab. Aber ich werde das nächste Mal mitfahren. Ohm Fokke hat versprochen, mich mitzunehmen, ja.«
Maike sieht den Jungen groß an. Der Hubert-Sand ist ihr nicht geheuer. Sie kann sich nicht recht vorstellen, daß es dort irgendwie schön sein soll.
»Ja, guck du nur«, fährt Ode fort, »Ohm Fokke hat auch gesagt, das wäre eine von den kleinen Vorübungen für später nach Grönland.«
Grönland! Das Wort ist Maike vertraut. Das kommt ihr gar nicht ungeheuer vor. Wie oft schon hat der Großvater von Grönland, vom Walfischfang und einer gewissen Straße Davis erzählt. Und gerade will sie Ode dies sagen, da springt er mit einem Satz davon. »Der Wagen! Der Wagen!« schreit er noch.
Maike sieht ihn über den Strand rennen und wundert sich, daß seine Fußsohlen so schnell hintenausschlagen und so grau sind und daß seine Haarkringel so golden in der Sonne tanzen. Sie staunt ihm nach und kommt zunächst vor lauter Staunen nicht dazu, hinter ihm herzulaufen. Dann aber denkt sie: was wird Großvater sagen, wenn …, und rennt in heißer Angst auf die Unglücksstelle zu. Die Flutwellen haben den Wagen erreicht. Die hinteren Räder sind in den aufgeweichten Sand gesunken. Der

Junge faßt die Deichsel, stemmt die Füße ein und zieht aus Leibeskräften. Das nützt ihm nicht viel. Die Räder saugen sich nur tiefer in den nassen Sand.
»Nimm die Deichsel und zieh, was du kannst, Maike, während ich die Räder hochhebe«, schreit Ode. Die Brandung brüllt dumpf und grollend. Scharf wie eine Messerschneide liegt die helle Knabenstimme vor dem dunkel dröhnenden Laut. Es hat keine Gefahr, aber man muß zupacken, wenn Not am Mann ist! Und die kleine Maike ist auch nicht bange, o nein, sie faßt die Deichsel mit ihren kleinen, festen Händen und zieht, was sie nur ziehen kann. Und Ode steht da in den anrollenden und wieder zurückströmenden Wellen, beide Fäuste in den Radspeichen, und reißt und hebt, prustend und stöhnend wie ein Nordkaper.
Geht's nicht? Nein, es ist nicht so einfach. Aber es muß gehen.
Abladen? Nein, will er nicht. Aber nun wird er böse und schimpft wie ein Harpunier, dem der Wal unters Eis entwischt ist.
»Willst du heraus, verdammtes Aas«, keucht er und legt sich nochmals in die Speichen. Bums! fällt ihm ein Brett von der Ladung auf die Schulter und ins Wasser. Maike schreit auf, aber Ode greift rasch zu — und plötzlich fällt ihm etwas ein: das Brett muß helfen! Und gleichzeitig weiß er nun auch, was er weiter zu tun hat: die Räder ausgraben, Bretter bereitlegen — schwere, die nicht gleich wegtreiben —, den Wagen über die Bretter hinweg strandauf ziehen! Und so geschieht es: rasch und zupackend, mit sicheren Griffen, denn die Flut wartet nicht!
Maike kriegt ihr Teil Schelte, weil sie sich ungeschickt anstellt. Das läßt sich in der Eile nicht vermeiden. Die Flut wartet nicht, nein. Aber wer denkt an Flut und

Gefahr, wenn es gilt, etwas zu retten? Und wenn es auch nur der morsche Handwagen der kleinen Maike ist, den er, der Sohn des Kommandeurs, der Brandung aus dem Rachen zieht!
Als endlich alles wieder auf dem Trocknen ist, steht die Sonne schon drüben im Westen hinter dem Hohen Riff. Schräger fallen ihre Strahlen. Das Hohe Riff liegt wie im Schatten. Wie sich die Brecher auf ihm türmen! Wenn sie taumelnd niedersinken, sieht es aus, als fiele mitten vor der roten Sonnenscheibe ein schwarzer Regen.
Nun fährt der Handwagen weiter am Strand entlang, während die Flut steigt und steigt. Jetzt biegt er bei den steil abfallenden Westdünen in den Sandweg zum Dorfe ein. Einmal noch leuchtet Maikes rotes Röckchen wie eine große Blume vor der weißen Dünenwand, und noch kann man sehen, wie sich Ode in die Deichsel legt, indes die Abendsonne in seinen Haaren flammt. Er muß sich ordentlich vornüber legen. Es fährt sich schlecht im tiefen Sand, schlechter als am tennenharten Strande. Und jetzt sind sie den Sandweg hinauf verschwunden.
Der Strand liegt leer. Kein Segel ist zu erspähen. Eine Rotte Seeregenpfeifer trippelt an der Flutlinie entlang. Die Sonne sinkt. Die Brandung tönt abendlich schwer. Die Flut geht ihren Gang. Jetzt ist sie gerade dabei, Odes Karte von der Mündung der Westerems auszulöschen, damit die Schreibtafel wieder schön rein und neu werde.

Havarie in der Kirche

Enno Taake Hayen, Pastor zu Nordoog, saß auf dem Kanzelstuhl. Es war während des zweiten Singens. Die Orgel brauste, die Gemeinde sang. Das Lied hatte eine Menge Strophen.

Enno Taake Hayen hing seinen Gedanken nach; sie drehten sich in der Hauptsache um den Schlußteil der Predigt, den er halten mußte, wenn das Lied zu Ende war. Aber sie wurden abgelenkt. Immer wieder mußte der Pastor nach dem Schiffsmodell hinüberblicken, das in der Nähe der Kanzel an einer langen dünnen Eisenstange über dem Haupteingang des Gestühls hing.

Es war kein Prunkschiff mit goldenen Verzierungen und seidenen Flaggen. Es war auch kein Oorlogschiff mit Kanonenrohren, die aus Stückpforten lugten. Nein, das beides war es nicht. Es war vielmehr das Modell eines schlichten schwarzen Handelsschiffes, schnittig und in vollendeten Linien um Rumpf und Masten. Vom Heck bis zur Außenklüverbaumnock gerechnet, gut vier Fuß lang, hatte es, mit Rahen an allen drei Masten, Vollschifftakelung. Unter der Wasserlinie war es mit Kupferblech beschlagen, das matt glänzte, da das Schiff vor kurzem erst überholt und gereinigt worden war. Ein Stander hing vom Großtopp. Und auf dieser langen schmalen, spitz zulaufenden weißen Flagge stand ›Hoffnung‹, mit roten Fäden anscheinend von Frauenhand sorgfältig eingestickt. Das Modell mochte wohl schon an die sechzig Jahre in der kleinen Inselkirche hängen. Es war, neben einem hübschen Altarbild niederländischer Herkunft, ihr einziger Schmuck.

Enno Taake Hayen konnte von der Kanzel aus jede einzelne Spiere deutlich sehen und das scheinbare Gewirr der Brassen, Falle und Stagen genau verfolgen. Und das tat er.

War es denn möglich? Täuschte er sich nicht?

Er beugte sich ein wenig nach vorn, drehte den Kopf zur Seite, kniff das rechte Auge zu und prüfte abermals das stehende und laufende Gut des Schiffes.

Nein, es war nicht der geringste Zweifel: da steckte ein unverzeihlicher Fehler! — So etwas!

Die Orgel begann eine neue Strophe. Dröhnenden Basses fiel der Pastor mit ein. Es klang, als wollte er seinem Ärger Luft machen. Einige Augenpaare da unten in der Kirche schauten verwundert zur Kanzel hinauf, und die Nachzügler unter den Sängern beeilten sich, mitzukommen. Nur ein Mann ließ sich nicht beirren. Das war der ehemalige Langfahrer und jetzige Fischer Harm Remmen, den sie wegen seiner besonders geraden Haltung Harm Liekup nannten; jetzt freilich hing ihm das Kinn auf dem dritten Knopfloch: er schien zu schlafen, trotz Orgel und Pastorenbaß.

Woher hatte nun Pastor Enno Taake Hayen seine genauen Kenntnisse von der Takelung eines Schiffes? Das ist leicht zu erklären. Er entstammte einer Schiffbauerfamilie in einem der Küstenorte des Festlandes. Aus irgendeinem Grunde war er nicht Schiffbauingenieur, wie er gewollt hatte, sondern Pastor geworden. Aber er konnte es nicht lassen: er bastelte. Es hieß, in einem Raum neben der Waschküche der Pastorei habe er sich eine Werkstatt eingerichtet, eine Schiffswerft im kleinen.

Dies hatte der Fischer Siebo Ulrichs eines Tages entdeckt, als er die Geburt seines zweiten Sohnes anmelden

wollte und die Magd ihn in die Werkstatt verwies, wo der Pastor beschäftigt war. Menschenskinder! Da hatte Siebo Ulrichs vor Erstaunen runde Augen gemacht bei dem, was er da in der Werkstatt zu sehen bekam. Da war eine Hobelbank, bedeckt mit Schnitzmessern und schmalen Holzspänen. Ein Schraubstock war da. Fertige und halbfertige Schiffsmodelle standen in zweckmäßig und zierlich geschnitzten Gestellen auf den Wandborten umher. Die ganze Bude roch nach Werg, Farbe und Leim. Mit Grundrissen waren die Wände bedeckt; hier und dort hingen holländische Stiche, Oorlogschiffe und Ostindienfahrer darstellend.
»Leute«, hatte Siebo Ulrichs sich dann abschließend zu den andern Fischern geäußert, »Leute, der Mann hat mit mir kein Wort über seine Schiffchenmacherei gesprochen, aber das sage ich euch, er versteht mehr vom Schiffsbau als wir alle miteinander, einschließlich Harm Liekup, der seit Jahren das Schiffsmodell für die Kirche überholt und reinigt.«
Das war nicht wenig, was Ulrichs von dem Pastor Enno Taake Hayen behauptete. Anfangs wollte es auch niemand glauben. Aber mit der Zeit, als der eine und der andere sich gleichfalls aus irgendeinem Anlaß in der Werkstatt umgesehen hatte, pflichteten sie Siebo Ulrichs bei. Und zuletzt war es nur Harm Liekup, der über den Bastelkram des Pastors spottete. Aber Harm drang damit nicht durch. Es sei der reine Neid, was er da schwatze, bedeuteten sie ihm; und der Pastor, das sei doch wohl ein guter Pastor, nicht wahr? Dagegen könnte doch niemand etwas einwenden? Ja, das sei allerdings wahr, Hayen sei ein guter Pastor. Aber ein Pastor und Schiffchenmacher, beides in einem, nein, das wollte Harm Remmen nicht in den Kopf.

So verhielt es sich mit der Liebhaberei des Pastors Hayen. Gott verzeihe ihm, jetzt saß er auf der Kanzel und war ärgerlich!

Ein paar Sonnenstrahlen fielen durch die bleigefaßten, vor Alter grünlichen Fensterscheiben. Sie umspielten die vergoldeten Mastknäufe des Schiffes mit leisem Schimmer. Aber das konnte Enno Taake Hayen nicht versöhnen. Nur um so deutlicher sah er den Bock, den Harm Remmen Liekup da geschossen hatte. War der Mann betrunken gewesen, als er das Schiff neulich reinigte und gründlich überholte? Segelschiffahrer der alten Schule, gar kein schlechter Modellbauer, und führt — kann man das begreifen? — das Außenklüverstagtau statt an den Außenklüverbaum an den Klüverbaum, so daß der Außenklüverbaum wie ein nackter spitzer Knochen über das ganze Modell verloren und verlassen hinausragt! Unerhört, solch eine Verbastelung! Ärgerlich wandte der Pastor den Blick von dem verschimpfierten Fahrzeug weg und besann sich auf seine geistliche Pflicht.

Das Lied war aus, die letzten leisen Orgeltöne verebbten. Enno Taake Hayen schloß sein Gesangbuch und legte es auf die Kanzelbrüstung. Dann erhob er sich. Sein Kopf stieß fast an den Schalldeckel. Er war sechs Fuß hoch, hatte eine lange gerade Nase und dunkelblondes Haar, das über den Ohren leicht gekraust war; seine Augen hatten die spröde Härte jener blauen Farbe, die auf Delfter Porzellan eingebrannt ist; aber ein gütiger Zug lag um den feingeschnittenen Mund des Junggesellen.

Das Husten und Räuspern unten in der Kirche legte sich allmählich. Nun war es still. Durch ein offenes Fenster konnte man für einen Augenblick die Brandung draußen auf den Sandbänken vor der Insel rauschen hören; es wurde Flut. Enno Taake Hayen ließ die Augen über die Gemeinde schweifen. Sein Ärger schwand. Gleichmütig streifte sein Blick das Modellschiff und glitt von dort über die Männerabteilung. Doch da stockte er und blieb auf einem Mann haften, der sich soeben zu einem recht gemütlichen Schlummer zurechtsetzte. Dieser Mann saß unter dem Schiffsmodell, unmittelbar am Haupteingang im Gestühl. Es war Harm Remmen Liekup – jetzt ein zweifacher Sünder!

Solch ein Mensch! Da sollte doch ... Aber der Pastor bezwang sich und begann den Schlußteil seiner Predigt. Er hatte einen Text aus dem Propheten Jesaja gewählt, in dem unter anderem von den Fahrzeugen der Phönizier die Rede ist. Er hatte das keineswegs aus Eigennutz getan, wie um etwa auch auf der Kanzel seiner Liebhaberei für Schiffe zu frönen. Nein. Aber er war ein Pastor, der seine Zuhörer auf eine praktische Art zu fesseln wußte. Er faßte sie bei ihrer täglichen Beschäftigung, und das war die Schiffahrt. Und sicherlich ist es Fischern und Seeleuten überhaupt lieber, etwas über phönizische Schiffe zu hören, als von Aarons blühendem Stab. Enno Taake Hayen malte ihnen denn auch die phönizischen Schiffe sehr lebendig hin. Große Freude am Thema beschwingte seine Rede. Ja, es kam so weit, daß er Vergleiche anstellte zwischen den Bootstypen seiner Zuhörer und den Fahrzeugen der Phönizier. Er wurde warm und eifrig. Hatte er seinen Ärger vergessen? Es schien so.

Doch jetzt fiel sein Blick wie von ungefähr auf das verpfuschte Modellschiff, das gerade in einem breitflutenden Lichtbalken schwebte, so daß die Verschandelung des staglosen Außenklüverbaums grell und deutlich, gewissermaßen wie ein höhnisch erhobener Finger, in die Luft wies. Und da mußte Enno Taake Hayen auch gleichzeitig einen Blick auf den Missetäter Harm Liekup werfen. Das hätte er besser nicht tun sollen, denn Harm Liekup schlief. Als er dies beides mit einem Blick erfaßte, stockte dem braven Prediger fast die Rede. Sie verschlug ihm aber nicht, im Gegenteil, er wurde eifriger. Und ob nun der zweifache Ärger daran schuld war oder was auch immer: wovor er sich sonst aus verschiedenen Gründen zu hüten pflegte, das tat er jetzt. Er schlug mit seiner markigen Hand in plötzlich ausbrechendem Eifer auf die Kanzelbrüstung und — traf dabei das Gesangbuch.

Was nun kam, geschah blitzschnell.

Das Gesangbuch nämlich, das schon seit Jahren jeden Sonntag während der Predigt zum Schrecken gewisser nervöser Kirchenbesucher auf der Brüstung und sozusagen immer auf der Wippe lag, wurde lebendig. Unter der Wucht des pfarrherrlichen Hiebes machte es sich davon. Es flog im Bogen in die Takelage des Schiffsmodells, streifte den Fockmast, zerriß verschiedene morsch gewordene Spieren, Stagen und Wanten und schlug schließlich neben der Bank, in der Harm Remmen Liekup mit dem Drang zum Schnarchen kämpfte, mit klatschendem Krach auf die blauen Fliesen nieder.

Enno Taake Hayen war starr. Die Gemeinde nicht minder. Ein paar junge Mädchen kicherten leise. Die Schwester des Pastors, eine hagere ältere Dame, schneuzte sich vor Verlegenheit. Nur Harm Liekup, dessen Kopf ihm schon während der ganzen Kirchzeit weggesackt war, machte seinem Namen ›Geradeauf‹ mit einem erschreckten Ruck Ehre: er saß hellwach und bolzengerade.

Enno Taake Hayen räusperte sich. Was nun? Ja, das war die Frage. Es mußte etwas geschehen, irgend etwas mußte er sagen. Aber was denn? Der kalte Schweiß brach ihm aus.

Er fand einige Worte der Entschuldigung für seine Ungeschicktheit, und während er sprach, streifte sein Auge das havarierte Schiff. Es schaukelte und drehte sich langsam; zerbrochene Spieren und Stagen hingen wirr über die Back... Da lächelte Enno Taake Hayen, und die Gemeinde lächelte mit; ja, aus der Mädchenecke prustete es einmal geradezu. Aber der Pastor lächelte weiter, wurde nicht ernst, weil die Jungvolksecke den Scherz übertrieb. Doch nun faßte er sich; der Küster erstieg die Kanzeltreppe und reichte ihm das Gesangbuch wieder zu. Mit dankbarem Blick nahm es der Pastor entgegen.
Peter Puckel, der Küster, ahnte nicht, daß er eine Art rettender Engel war, als er auf den vernünftigen Gedanken verfiel, das Buch aufzuheben und dem Pastor wiederzubringen. Auf Zehenspitzen schlich Peter Puckel wieder an seinen Platz.
Enno Taake Hayen aber hatte sich wieder ganz in der Gewalt. Unbeirrt setzte er seine Predigt fort und führte sie freudig zu Ende. Wie klang seine sonore Stimme durch den Kirchenraum so stark und befreit. War es nicht ein Segen, daß das Gesangbuch von der Brüstung geflogen war? Sieh dich um, Pastor, ob noch einer deiner Zuhörer vor sich hindöst und träumt, geschweige denn schläft? Nein, da ist keiner. Hellwach sind sie, aufgerüttelt und bereit. Nimm das wahr, Pastor. Streu den Samen des Glaubens! Sieh, selbst Harm Remmen Liekup reißt die Augen auf.
Und Enno Taake Hayen nahm die Gelegenheit wahr. Es war eine Art Eingebung über ihn gekommen. Er war als guter Redner bekannt. Es hieß, er wollte sich nur nicht von dieser kleinen Nordseeinselpfarre trennen wegen seiner verschrobenen Modellschiffbauerei, sonst könnte er mit Leichtigkeit die fetteste Marschpfarre bekommen. Aber das war natürlich nichts als Gerede.

Sie sangen das Schlußlied. Der Organist spielte mit Hingabe und schöner als je zuvor. Enno Taake Hayens Baß dröhnte wie die Brandung draußen am Strand bei Sonnenschein und gutem Wetter. Aber zuweilen sang der Pastor nicht mit. Dann träumte er versonnen vor sich hin, und seine Blicke hafteten auf der havarierten ›Hoffnung‹.

Was sah der Pastor dort?

Oh, nichts von Bedeutung. Nur, daß der Stein des Anstoßes, der verwünschte Fehler in der Takelung, gründlich von dem fliegenden Gesangbuch zerstört worden war. Das freute den Pastor. Wer kann es ihm verdenken, daß er auch einmal einen Blick über die Kanzelbrüstung auf Harm Remmen Liekup warf? Der saß gerader als gerade da, den Kopf im Nacken, und suchte den Schaden in der Takelung der ›Hoffnung‹ festzustellen. Aber das gelang ihm nicht. Auch das freute den Pastor. Denn er war ein Mensch. Hand weg, Harm Remmen! dachte er. Diesmal werde ich dafür sorgen, daß das Außenklüverstagtau zum Außenklüverbaum geführt wird, wohin es gehört, und nicht an den Klüverbaum.

Denn dies hatte Pastor Enno Taake Hayen sich inzwischen fest vorgenommen: er wollte die Havarie, die er angerichtet, selbst wieder in Ordnung bringen, aber auch die jährliche Überholung des Schiffes künftig besser überwachen.

Das Vorzeichen

Das war bei Störkensmu, einem Schollenfanggrund im friesischen Wattenmeer.
Drei Schaluppen lagen dort untätig vor ihren Ankern; es waren Fischerfahrzeuge von einem nur noch vereinzelt vorkommenden Typ ohne Motor. Es war drückend heiß. Schlaff hing der Flögel vom Vortopp: kein Fingerhut voll Wind. Die Fischerleute konnten ihrem Gewerbe nicht nachgehen. Es hatte keinen Sinn, die Netze über Bord zu bringen. Den ganzen Morgen hatten sie sich vergeblich abgemüht, ihre Bünns vollzuschlagen. Der Erfolg: einige Stiegen mittelgroßer Schollen. Das war alles. Es war wie verhext. Regelrechte Flaute.
Fernhin blendete die flimmernde Wasserweite. Es lief Ebbe, halbe Tide. Landwärts, weit, weithin, im Mündungsgebiet des Flusses, geisterten helle Möwenschwärme und dunkle Austernfischerpaare über ockergelben Sandbänken. Lautlos und ruhelos strichen die Seevogelgeschwader dort hin und her, gleich Gespenstern des hellichten Tages. Graugrün und reglos war die See. Keine Spur von Dünung kündete ihr Atmen. Gleichmäßig blaugrau dunstete die Kimm. Nur im Nordwesten stand eine schwärzliche Wolkenbank; sie schimmerte graphitfarben.
Auf zweien von den drei Fahrzeugen war es kirchenstill. Keine Seele befand sich an Deck. Die Leute hatten sich wohl in die Koje gelegt. Was soll ein Fischersmann sonst tun, wenn keine Fanggelegenheit ist? Vielleicht wurde es in zwei, drei Stunden, bei einsetzender Flut, günstiger.

Auf der Schaluppe ›Nordstern‹ aber war noch Leben an Deck. Sie waren gerade mit dem Mittagsmahl fertig. Onno Ulferts, der Junge, reinigte das Geschirr und pfiff dabei halblaut vor sich hin. Sein flachsblonder Haarschopf schimmerte silbrig in der Sonne. Der Junge war ein unbeschriebenes Blatt. Er war letzte Ostern eingesegnet und Torhüter im Fußballverein des Küstendorfes. Aber diese Nücken würden ihm früh genug an Bord vergehen, hatte der Bestmann Folkert Noordmann gemeint. Onno Ulferts hatte Respekt vor dem Bestmann. Fast mehr noch als vor dem ernsten, wortkargen Schiffer Jan Evers Duin selber. Folkert Noordmann, der Bestmann, klarte das Vorderdeck ein wenig auf. Er war eine Klasse für sich: Seemann und Fischermann von jenem Schlage, der gottlob an der Küste und auf den Inseln niemals ausstirbt. Während des Krieges Teilnehmer an der Skagerrakschlacht, später Langfahrer auf großen Segelschiffen, war er eines Tages in den kleinen Küstenort zurückgekehrt. Ohne irgendein Patent, heißt das. Nun ja, wohin mit all den Kapitänen und Offizieren? Es muß auch Fischersleute geben. So fuhr er denn nun schon Jahre lang als Bestmann auf der ›Nordstern‹. Er hatte den Jungen angelernt und konnte ihn gut leiden. Onno Ulferts war anstellig; aber daß der Bestmann ihn gern hatte, hing auch vielleicht ein wenig damit zusammen: der Junge hatte eine hübsche Schwester.

Lang und hager, leicht vornübergeneigt, wie eine Schiffsspante, stand achtern Jan Evers Duin, Schiffer und Eigner der ›Nordstern‹. Während sich in jeder Bewegung und bei allen Handgriffen seines Bestmanns die rasch und sicher zupackende Art des ehemaligen Segelschiffsmatrosen äußerte, drückte die Gestalt des Schiffers Ruhe und

Besonnenheit aus. Es war nichts Auffallendes an ihm. Wie sie alle trug er einen blauen Wollsweater; in hüfthohen Seestiefeln steckten die Beinkleider, und auf dem scharfgeschnittenen Kopf hatte er die Ruine einer ehemals blauen, jetzt von der Sonne und vom Salzwasser grau gebeizten Mütze. Er war alt und zäh wie Eichenholz. Sein mahagonibraun gebranntes Gesicht war nun, auf See, von grauen Bartstoppeln bedeckt und voller tief eingeschnittener Falten und Furchen. Er trug kleine goldene Ringe in den Ohrläppchen. Sein streng geschlossener Mund war fein geschnitten und schmallippig. Auffallend war nur der Ausdruck seiner tiefliegenden blaßblauen Augen. Etwas Jenseitiges lag in diesem Blick. Soviel über die Besatzung.

Aber es ist nicht mehr als recht und billig, auch ein paar Worte über das Fahrzeug zu sagen. Es war eine uralte Schaluppe. Sie war fast so alt wie ihr Eigner selber, wenn nicht älter. Sie hatte keinen Motor, wie gesagt. Nein, die Schande hatte Jan Evers Duin seinem guten Schiff nicht antun wollen. Im übrigen war die ›Nordstern‹ ernst und düster in Form und Farbe; schwarz die Außenwandung, mit weißem Brustfleck unten am Vordersteven, gleich gewissen Walarten, und mit dunkelrotbraunen, fast schwarzen Segeln. Das Fahrzeug hatte große Ähnlichkeit mit einem früher gebräuchlichen Norderneyer Schaluppentyp, obwohl es nicht auf Norderney, sondern in einem der zahlreichen Sielorte des ostfriesischen Festlandes beheimatet war.

Jan Evers Duin paffte kleine, gleichsam ärgerliche Rauchwolken aus seiner kurzen Pfeife. Von Zeit zu Zeit warf er bekümmerte Blicke nach mittschiffs, von wo, aus der mit Seewasser halb gefüllten Bünn, zuweilen der plunschende Schwanzschlag einer einsamen Scholle verloren heraufklang. War es nicht ärgerlich! Da hatte er sich zu Beginn der Woche so fein ausgerechnet, mit einem guten Fang am Donnerstagnachmittag in Emden am Rathaus-Delft zu liegen. Heute war schon Freitag und es zappelten kaum zwei Stiegen Schollen in der gähnend leeren Bünn. Jetzt wäre es gut, wenn die ›Nordstern‹ einen Motor hätte, dachte er. Oh, er war klug genug, den Vorteil einer Maschine einzusehen. Er paffte schneller, spie einmal über Bord und unterdrückte den rebellischen Gedanken rasch. Dann klopfte er den Pfeifenkopf an der Reling aus, reckte sich und beschloß, in die Koje zu gehen.

Zuvor aber warf er einen Blick in die Runde. Ganz gewohnheitsmäßig tat er das. Gen Nordwesten blickte er etwas schärfer und länger. Braute sich dort etwas zusammen? Vor ein paar Minuten erst hatte er den Barometerstand geprüft und nichts Auffälliges bemerkt. »Es ist nichts«, murmelte er. Dann rief er dem Bestmann einen Bescheid zu und begab sich in die Koje. Bevor er sich hinlegte, warf er noch einen Blick auf das Glas; es stand normal.

Er schlief sofort ein.

Eine halbe Stunde später wachte er auf. Was war das gewesen...? Er lauschte. An Deck rührte sich nichts. Sonderbar. Er hatte doch deutlich gehört, wie es vorn auf Deck polterte und rumorte, als risse jemand mit Gewalt am Spill und an der Ankerkette herum. Waren die da oben unklug geworden? Jan Evers Duin wurde ärgerlich, turnte krummrückig aus der Koje und ging an Deck.

Dort war alles still und friedlich. Der Junge ließ die Beine in die Bünn baumeln und las in einer alten Zeitung; er stopfte das Blatt verbiestert weg, als er den Schiffer mit grimmigem Gesicht auf sich lossteuern sah. Aber Jan Evers Duin beachtete den Jungen nicht, sondern stakte langbeinig und in grauen Strümpfen auf den Bestmann los. Der lag vorn, beim Ankerspill, die Arme hinter dem Kopf verschränkt, auf Deck; die Pfeife hing ihm im schiefgezogenen Mund, den Mützenschirm hatte er sich über die Augen geschoben.

Das Ganze war eigentlich ein Bild der Unschuld. Aber nicht in den Augen von Jan Evers Duin. Es machte ihn nur noch ärgerlicher, als er schon war. Und grob zerstörte er die friedliche Szene.

Was denn, zum Kuckuck, los gewesen sei? Solch einen Krach zu machen, wenn man ein Auge voll Schlaf nehmen wollte! »Was ist dir in die Krone gefahren, Bestmann?«

Folkert Noordmann war ob dieser unerwarteten Störung seiner wohlverdienten Mittagsruhe so verdonnert, daß er zunächst wie erstarrt liegen blieb. Aber die Pfeife fiel ihm vor Staunen aus dem Mund. Da fuhr er mit einem Fluch in die Höhe, griff nach Mütze und Pfeife und stand vor seinem Schiffer, als wenn er einen tätlichen Angriff abwehren wollte.

»Nun sag doch, was los war, Mann«, brüllte der sonst so bedächtige Jan Evers Duin. »Es hörte sich an, als risse der Teufel selber am Ankerspill herum.«

»Was los war, Schiffer?« fragte seinerseits der Bestmann. »Nichts, soviel ich weiß. Wir beide hier haben uns seit zwanzig Minuten nicht gerührt.«

Der Schiffer starrte den Bestmann wütend an. Aber seine Stimme klang gemäßigter, als er ironisch sagte:

»So, nichts war los... Mir war aber doch, als sei allerlei los gewesen. Die Kette polterte ja auf Deck — das ganze Schiff dröhnte.«

Folkert Noordmann kratzte sich hinter dem Ohr und zuckte mit den Achseln. Dann sah er den Jungen an, der

den Schiffer mit offenem Mund anstierte wie einen Übergeschnappten. »Hast du was gehört, Onno?« fragte der Bestmann.
Nein, der Junge hatte nichts gehört.
Da drehte der Schiffer sich wortlos um und ging wieder achteraus und nach unten.
Eine Weile war es mausestill an Deck. Durch die halboffene Kajütskappe war das Ächzen der Kojenplanken deutlich zu vernehmen. Der Alte hatte sich wieder aufs Ohr gelegt.
Die beiden an Deck schauten sich grinsend an. Aber dem Jungen schien die Sache nicht geheuer; sein Lächeln war unsicher.
»Der Alte hat geträumt«, sagte der Bestmann und legte sich wieder beim Ankerspill auf Deck nieder.
Zappelig und verwirrt griff der Junge nach den Sportnachrichten der Zeitung.
Die Sonne brannte von einem weißblauen Himmel herab. Höher hoben sich die Sandbänke und Platen im Drange des Ebbestroms aus dem Wasser. Jetzt scholl ab und an fernes Gekreisch der Seevögel herüber; reichlicher nun war der Tisch dort für die Tiere gedeckt. Der blanke Kopf eines Seehunds tauchte in der Nähe der ›Nordstern‹ auf. Mit unheimlich menschenähnlichem Ausdruck wandte die Robbe das mit langen weißen Schnurrhaaren bedeckte Gesicht dem Fahrzeug zu, guckte mit großen, dunkeltraurigen Augen und tauchte. Der graphitfarbene Ton der Wolkenbank im Nordwesten war einem stumpfen Bleiglanz gewichen.
Lange konnte der Schiffer nicht geschlafen haben — da fuhr er wieder hoch. Das gleiche Geräusch...! Geräusch? Ach wo: ein teufelsmäßiges Ruttern und Poltern war es gewesen. Mit einem gequälten Ausdruck im

zerknitterten Greisengesicht schwang sich Jan Evers Duin aus der Koje und kletterte verdrießlich an Deck.
Der Junge sah verwundert von der Zeitung auf. Griente, schien es dem Schiffer. Da packte ihn die Wut. Er riß dem erschrockenen Bengel das Blatt aus der Hand und schlug ihm die Fetzen um die Ohren. »Ich will dir helfen, du Grünschnabel!« schrie er. Dann stürmte er nach vorn, auf den Bestmann los.
Folkert Noordmann hatte sich schon hochgerappelt. Er stand breitbeinig da und schnallte seinen Leibriemen fester. Nun ist der Alte richtig verrückt geworden, dachte er und schüttelte den Kopf.
»Wieder nichts gehört, was? Keinen Ton, was?« —
»Was soll ich denn nun wieder gehört haben, Schiffer? Es hat sich nichts gerührt hier an Deck, und ich habe auch nicht das geringste gehört... «
»So, du hast nichts gehört... Hätte es mir denken können... « Jan Evers stockte plötzlich. Er kniff die Lippen zusammen. Seine Augen bekamen einen sorgenvollen Altmännerausdruck. Mit krampfhaftem Griff umklammerte er den Arm seines Bestmanns und sagte beschwörend: »Folkert Noordmann! Du bist mir bisher immer als ein vernünftiger Mann vorgekommen. Was mag das zu bedeuten haben: es war ein Lärm an Deck, hier vorn beim Ankerspill, der Tote hätte erwecken können. Ich schwöre dir, daß ich es deutlich gehört habe. Zweimal... Nein, sieh mich nicht so an. Ich bin nicht krank. Ich weiß, was ich sage.«
Der Bestmann hatte nachdenklich zugehört. Das war denn doch —. Sollte —? Aber nein! Der Alte war krank.
»Ja, Schiffer«, stotterte er, »in — in der Medizinkiste —«
»Medizinkiste?« schnaubte Jan Evers Duin. »Glaubst du, ich bin krank, Mann? Was schnackst du von der Medi-

zinkiste? Ärger du mich nicht auch noch! Sonst sollt ihr beide von Bord, du und der Grasaffe von Junge, sobald wir wieder im Hafen sind.«

Folkert Noordmann schwieg zu dieser Drohung.

Es entstand eine peinliche Pause.

Mit Augen wie Teetassen und mit puterrotem Kopf glotzte der Junge den Schiffer an. Der merkte es nicht. Er ging mit sich zu Rate, starrte gequält über die ebbende See. Was hatte er gesagt? Beide von Bord? Folkert Noordmann, der fixeste Bestmann der ganzen Küste, sollte von Bord? Jan Evers Duin war zu weit gegangen; er fühlte es selber. Da schämte er sich und ging vornübergebeugt nach achtern.

Der Schiffer war schon eine Weile von Deck verschwunden, aber immer noch stierte der Bestmann auf die jetzt geschlossene Kajütskappe. Das ging nicht mit rechten Dingen zu. Wie war das doch? Entstammte Jan Evers Duin nicht einem Spökenkiekergeschlecht? Was erzählte man sich doch im Dorf von der alten Greet-Möh, der verstorbenen Mutter des Schiffers? – Gott soll uns bewahren!

»Folkert... !«

Der schüchterne Anruf des Jungen entzog den Bestmann weiteren Betrachtungen. Der Bengel sah aus, als ob er weinen wollte. Folkert Noordmann mußte lächeln.

»Komm her, Onno«, sagte er freundlich. »Der Alte ist nicht gut zuwege. Sonnenstich oder was weiß ich. Nimm dir's nicht zu Herzen, das mit der Zeitung. In Wirklichkeit meint er's nicht schlecht, der Schiffer.« Und um den Jungen auf andere Gedanken zu bringen, schlug Noordmann vor, den Nachbarschaluppen mit dem Beiboot einen Besuch abzustatten, obwohl er für eine solche Lustfahrt nicht die Genehmigung des Schiffers hatte.

Aber Onno Ulferts schüttelte bekümmert den Kopf. Er konnte es noch nicht verwinden, daß der Schiffer ihm die Zeitung um die Ohren geknallt hatte.

Der Bestmann schwieg und stopfte sich eine frische Pfeife, indes der Junge die Zeitungsfetzen auflas und sie zusammengeknüllt über Bord warf.

Es war stickendheiß. Wie Leichengeruch kam es von einer Muschelbank herübergestrichen; eine schwache Brise aus Osten war aufgekommen. Sie standen stumm beieinander auf dem Vorderdeck. Der Junge verfolgte den Flug einer Möwe, die, achteraus, in einiger Entfernung vom Schiff, über dem zusammengeknüllten Papierklumpen, den der Ebbestrom davontrug, eine kaum merkliche Bewegung machte, dann aber, als sie sah, daß das Getreibsel nicht für ihren Schnabel taugte, ruhig weiterflog. Folkert Noordmann wollte etwas sagen und konnte es beim besten Willen nicht herausbringen; es ging um Almuth, Onnos Schwester. Aber der Mund war ihm wie zugenäht.

Obschon nun die beiden, Bestmann und Junge, jeder auf seine Weise, ihre Gedanken und Einfälle hatten, schielten sie doch zuweilen nach achtern, ob dort nicht bald wieder der Graukopf des Schiffers auftauchte.

Der Wind frischte ein wenig auf; er hatte jetzt einen Strich aus dem Norden. Es war stehend Wasser. Draußen setzte schon die Vorflut ein: die rote Spierentonne, die dort im Fahrwasser verankert lag, kippte unter dem Druck des Flutstroms leicht landwärts über. Die Kimm war nun rundum diesiggrau; aber unentwegt strahlte die Sonne vom weißblauen Himmel. Nach kurzer Zeit schwoite die ›Nordstern‹ vor ihrem Anker; die Vorflut hatte das Schiff erreicht. Bald folgten auch die beiden Nachbarschaluppen in ihrer Lage dem Wechsel der

Gezeiten. Immer noch zeigte sich dort kein Mensch an Deck.
Bestmann und Junge schraken zusammen: es rumorte achtern. Richtig: der Alte kam wieder zum Vorschein. In voller Montur, in Stiefeln und allem. Auf dem Kopf trug er jetzt eine uralte gestrickte Wollmütze. Als der Bestmann dieses Monstrum von Kopfbedeckung sah — eine Wollmütze bei 30 Grad Hitze! —, da wußte er Bescheid: der Alte wollte in den nächstbesten Hafen. Onno Ulferts, der Junge, kam heute aus dem Staunen nicht heraus.
»Seils setten! Anker hieven!... Wi gahn in de Börk'mer Haven.« Mit seltsam brüchiger, kindlich hoher Stimme sang Jan Evers Duin diese Befehle. Wie kam das? Handelte er aus einem fremden, geheimnisvollen Zwang? Klar und bestimmt klangen doch sonst seine Kommandos. Folkert Noordmann wollte, entgegen jeder Schiffsordnung, etwas einwenden. Aber der Schiffer sah ihn nicht an, sondern klarte mit ungewohnter Hast Großschot und Ruder. Jetzt war er damit fertig. Die Hand am Helmholz, wandte er sein Gesicht nach vorn. »Word 't bold!« rief er barsch.
Folkert Noordmann sah in ein graues, gequältes Gesicht. Da unterließ er jeglichen Einwand, stieß den verbaasten Jungen an und machte sich daran, die Befehle auszuführen.
Sie setzten zunächst das Großsegel. Ruckweise stieg es hoch; die Gaffel knarrte... Jetzt stand es. Der Baum schwang ächzend hin und her, aber bald hatte ihn der Schiffer mit der Schot in seiner Gewalt. Jetzt herauf mit dem Anker! Der Bestmann drehte das Spill, der Junge klarte die Kette; klickernd fiel, in den Pausen, der Sperrhaken ins Zahnradgetriebe...

Als die ›Nordstern‹ unter Segel war und an den andern beiden Fahrzeugen vorüberfuhr, kam dort, aufgescheucht von dem Ankerhieven, Leben an Deck.
Wo sie hinwollten, brüllte jemand herüber.
»Börkum binnen. Koomt ok!« rief Jan Evers Duin. Seine Stimme schallte hohl und mahnend über das Wasser. Die auf den andern Schiffen lachten und riefen dem Schiffer derbe Scherzworte zu.
Die ›Nordstern‹ segelte ihren Kurs. Sie machte Fahrt, Flutstrom und Wind halfen ihr. Aber das Barometer war plötzlich gefallen!
Was war mit Jan Evers Duin?
Ja, er war krank, offenbar... Aber nun er sein gutes altes Schiff steuerte, hellte sich seine Miene allmählich auf. Seine Sinne waren nur auf das eine Ziel gerichtet: Hinein in den nächsten Hafen! Oh, er hatte etwas Absonderliches erlebt. Das Vorzeichen — denn ein solches war es ohne Zweifel gewesen — war richtig zum drittenmal gekommen, lauter noch und mahnender als die beiden Male vorher. Aber da hatte er nicht mehr nach der Ursache der Störung geforscht. I wo, sollte er sich nochmals vor seinen eigenen Leuten schämen? Nein, sie würden schon sehen... Aber — er grübelte über die sonderbare Sache nach und konnte zu keiner endgültigen Erklärung kommen. Nur, was seine verstorbene Mutter ihm einmal erzählt hatte, ging ihm jetzt immer wieder durch den Kopf. Sie, Greet-Möh, war eine von den Flyren gewesen, einer Familie, in der die unheimliche Begabung für Übersinnliches erblich war. »Wenn wir über die Sechzig sind, hören und sehen wir mehr als andere Leute«, hatte die Mutter gesagt... Nun — sie würden ja sehen. —
Zwei Stunden später hörten und sahen es viele.

Mit Blitz und Donner brach plötzlich ein Sommersturm los. Er erreichte die Gewalt eines halben Orkans und richtete an der ganzen Nordseeküste großen Schaden an. Schiffe scheiterten, Menschen ertranken, Dünen wurden weggerissen.
Seit einer halben Stunde lag die ›Nordstern‹ in dem kleinen, aber sicheren Hafen der Insel Borkum — vor doppelten Trossen. Wie tausend Teufel heulte und brummte es im Takelwerk der geflüchteten Schiffe.
Jan Evers Duin, in naßglänzendem Ölzeug, kämpfte sich im Sturm über die Pier nach seiner Schaluppe zurück. Er war an Land gewesen. Hatte nach Hause telegraphiert: »Hafen von Borkum angelaufen, alles wohl.« Er hatte noch mehr getan: die Rettungsbootstation angerufen wegen zweier Schaluppen, die sich, wahrscheinlich bei Störkensmu, in Seenot befänden. Aber wer konnte dort heran, wo jetzt mörderische Grundseen brüllend stiegen? Der Schiffer kletterte an Bord. Hier roch es gut nach gebratenen Schollen und Kartoffeln; der Teekessel stand schon auf dem winzigen Herd. Mit zögernden Bewegungen entledigte er sich des Ölzeugs. Der Junge hatte das Essen fertig.
Sie aßen schweigend. Draußen tobte der Sturm; knarrend rieb und scheuerte sich die ›Nordstern‹ an den Fendern und Pierpfählen. Sie dachten an ihre Kameraden vom Schollenfanggrund. Hatten sie sich noch in Sicherheit bringen können? Ab und an sah Onno Ulferts den Schiffer scheu an.
Zuletzt konnte Folkert Noordmann es nicht mehr aushalten, er mußte etwas fragen.
»Zweimal habt Ihr's gehört, Schiffer?« fragte er.
Jan Evers Duin heftete seine tiefliegenden blaßblauen Augen ernst auf den Frager. Dann sah er auf die Kojen-

wand und erwiderte knapp und gleichsam im voraus jede weitere Unterhaltung über diesen Gegenstand ablehnend: »Zweimal? Nein, dreimal, Bestmann.«

Zwei Ertrunkene melden sich...

Man sagte der alten Meta Bruns allerlei Unheimliches nach. Es war übertrieben, was die Leute über die Bootsmannswitwe redeten. Sie war eine stille, harte Frau und im ganzen Küstendorf dafür bekannt, daß sie mancherlei wirksame Heilmittel für Mensch und Tier zu bereiten verstand. Sie ging nicht oft in die Kirche. Das ist wahr. Aber zuweilen tat sie es doch. Das ist auch wahr. Sicherlich hatte sie ihre Besonderheiten. Es kam vor, daß sie in brandungsdonnernden, sturmerhellten Nächten draußen auf dem Heller umherspukte und die Wache der Rettungsbootmannschaft erschreckte. Aber was ging es die Leute an, wenn die Alte dort mit hochgeschürzten Röcken und in Seestiefeln mitten in der Nacht einherstakte! Konnte sie etwa nicht nach ihren Schafen, die tagsüber im Vorland weideten und am Abend nicht heimgekommen waren, Ausschau halten?

Es gibt viele Geschichten um das Leben dieser Frau. Geschichten voller Dämonie des Meeres und seiner Gewalten. Geschichten von der Verirrung des Menschenherzens. Geschichten, die den Stempel des Übersinnlichen wie ein heidnisches Zeichen an der Stirn tragen.

Eine will ich heute so erzählen, wie die Alte mit dem stillen, harten Gesicht, das aussah wie das eines Lotsen, sie mir berichtet hat.

»Mein Mann ist geblieben«, hob sie an, als wir eines Abends in der Wohnküche ihres Häuschens saßen, das in einem Knick des Seedeiches außerhalb des Sieldorfes

windgeborgen dalag – hingeduckt wie eine Henne im sicheren Nest. »Er ist in London-Docks von der Planke gelaufen... Wissen Sie, was das bedeutet?«
Ich nickte. Ich wußte es, und ich dachte daran, daß im Laufe der Jahrhunderte ein ganzes Heer lebenshungriger Seeleute nach ausschweifend verbrachten Nächten an Land in fremden Häfen beim Anbordgehen ›von der Planke gelaufen‹ ist. Und manches Heer wird dies künftig noch tun...
»Wir hatten einen Sohn. Er war unser einziges Kind. Ich hütete ihn wie meinen Augapfel. Aber als seine Zeit kam, ging er mit Gewalt von mir. Von mir, sage ich. Denn mein Mann, der Zeit seines Lebens immer auf großer Fahrt gewesen ist, kam so selten heim, daß der Junge ihn gar nicht als Vater empfand. ›Wat is dat för'n Unkel?‹ fragte er mich einmal, als er noch klein war, auf seinen Vater deutend, der für ein paar Tage zu Hause weilte. Ja... Er sollte nicht nach See, mein einziger Junge, aber ich konnte ihn nicht halten. Er war dem Meer verfallen. Das war sein Schicksal. Er fuhr mit einer Emder Bark nach Hamburg und von dort mit Stückgut nach Südamerika. Wollen Sie es glauben: sein Vater und er ertranken zur selben Zeit...«
Metje-Möh – wie die Greisin allgemein im Dorf genannt wurde – erhob sich schwerfällig, trat an das Schiebefenster, zog es an den beiden Messingknöpfen ein wenig hoch und stellte einen fußlangen Stab als Stütze darunter. Dann nahm sie ihren Platz im Hörnstuhl wieder ein. Es war totenstill im Hause. Eine grauweiße Katze schlief auf der Herdplatte. Von weither kam ein dumpfes Brausen durch die Nacht; das war das Meer, die Brandung vor den Inseln. Es wurde Flut.
»Ich habe es bisher niemand erzählt«, fuhr die Alte fort, «aber heute will ich es sagen... In Wahrheit – das darf

ich nicht verschweigen — dachte ich allezeit mehr an den Jungen als an meinen Mann. Aber ich sah sie beide in jener Nacht... Unruhe trieb mich aus dem Hause. Ich ging über den Deich ins Vorland, weit hinaus auf den Heller. Ich kenne dort jeden Weg und Steg; selbst im Nebel, der einen plötzlich von irgendwoher überfallen kann, finde ich mich zurecht. Man bekommt ein untrügliches Gefühl der Sicherheit, wenn man sich vom Frühling bis tief in den Herbst hinein um seine Tiere kümmern muß, die dann dort weiden. Als ich an den ersten Priel komme, über den ein stark gebauter Steg führt, sah ich den Jungen. Es war eine klare Spätsommernacht. Er kam auf den Steg zu. Wir mußten uns auf den Planken begegnen. Ich war nicht erschreckt oder erstaunt, ihn auf mich zukommen zu sehen. Nein, ich fand das ganz selbstverständlich. Es war, als könnte es gar nicht anders sein: Hajo mußte kommen! Dachte ich doch Tag und Nacht nur an meinen Jungen. Aber mein Herz erschrak, als ich ihn genauer ansah. Er trug seine Schiffsjungenkleider, deutlich erkannte ich das Hemd, das ich selber genäht hatte; sonderbarerweise bekümmerte es mich, daß es zerrissen war. Dann sah ich sein Gesicht — und da wußte ich es! Wirr hing ihm das blonde Haar in die Stirn. Aus gebrochenen Augen starrte er mich an. Ich wollte rufen und konnte kein Wort hervorbringen. Er kam auf mich zu. Ich breitete die Arme. ›Hajo!‹ rief ich endlich — da war die Erscheinung vorüber. Ich fror am ganzen Leibe. Es war, als sei etwas Eiskaltes, ein Windzug vielleicht, quer durch mich hindurchgegangen... Ich umkrampfte den Geländerbalken des Prielstegs und lehnte mich stützsuchend dagegen. Die Nacht war still; plötzlich kam der Nebel vom Wattenmeer, tief und schleppend rollte er heran. Und während ich mich wie betäubt gegen den rauhen Balken lehnte, sah ich eine neue Erscheinung. Sie kam denselben Weg daher, aber ich sah nur Kopf und Schultern eines Mannes aus der niedrigen Nebelbank herausragen. Er trug, wie der Junge vorhin, keine Kopfbedeckung. Stieren Blickes kam er auf mich zu. Ich konnte deutlich erkennen — eine bestimmte Haltung des Kopfes verriet es mir —, das war kein anderer als Harm Bruns, mein Mann. Auch er kam unmittelbar auf mich los. Wieder verspürte ich jenen eiskalten Windzug — und dann war es vorüber...«

Metje-Möh schwieg eine Weile. Sie stand auf und schloß das Fenster. Ich saß und wartete. Das ferne Brausen des Meeres verstummte. Mein Herz klopfte laut.

Die Alte setzte sich wieder; sie hatte sich ihr Strickzeug von der Fensterbank mitgebracht und begann zu stricken. Eifrig klapperten ihre Nadeln. Die Katze auf der Herdplatte war erwacht; sie streckte sich und machte einen Buckel.

Immer noch schwieg Metje-Möh.

Ich konnte es nicht mehr aushalten. »Und dann, Metje-Möh?« fragte ich beklommen.

Die Alte hob das runzlige Gesicht. »Ich wurde es später aus Briefen gewahr«, sagte sie leise. »Sie sind zur gleichen Zeit ertrunken. Der eine im Hafen von London, und der Junge in der Höhe von Rio Grande.«

Metje-Möh schwieg. Ich erhob mich, drückte ihr stumm die Hand und ging zur Tür. Ein Wort des Trostes hätte ich der alten Frau sagen mögen, aber ich konnte es nicht. In der Tür sah ich mich noch einmal um. Tief auf ihr Strickzeug gebückt, saß Metje-Möh da. Die Nadeln klirrten. Es schien, als ob sie eine Masche verloren hatte.

Auf dem Hubert-Sand

Sie kommen herangeschossen wie die Haie an den toten Wal. Alle Mann. Nur Wybe Wyben, der alte Feuerwärter, ist am Strand geblieben. Sie kommen mit allen Koggen und Schniggen; Beile, Haken, Trossen, Netze — alles an Bord. Schwer rollt die Dünung im Riffgat; reißender Ebbestrom drängt dagegen. Noch wettern Stoßböen aus Westen. Aber der Sturm hat sich gelegt.
Reffen? Kein Gedanke. Wer refft, wenn es ans Strandgutbergen geht? Laß biegen oder brechen oder auch kapseisen!
... Sind die Schiermonnikooger schon da?
Nein. Diesmal haben es die Borkumer.
Sie machen Fahrt, toll und waghalsig.
Fokke Fokkena faßt Schot und Ruderpinne fester. Was, Teufel, Ode Odengas Schnicke kommt ihm dwars vor den Bug! Die Kogge giert, und eine See haut über; Salzwasser tropft von Fokkes rotem Bart.
»Fall ab!« brüllt er. »Fall ab, Ode! Willst du uns in den Grund segeln!«
»Oho!« lacht Ode Odenga, »das macht den Bock auch nicht fetter.« Aber er fällt ab und hält piel auf den Hubert.
Hidde Tjarks ist bei Fokke Fokkena an Bord. Hidde bedient die Fock.
Jetzt lugt Fokke unterm Teerhut scharf achteraus. Die Kogge tanzt und tanzt, und wenn sie oben auf den Wogenkämmen ist, sieht man Borkum. Grau und verlas-

sen liegt die Insel da. — Jetzt! Turm und Kaap sind in einer Linie.

»Ree!« schreit Fokke. Sie schmeißen die Schoten los, und das Ruder fliegt herum. Die Segel flattern, schwerer rollt die Kogge; dann läuft sie an den Wind.

»So. Sett fast!« —

»Nu laat 'm rieten!«

Stetiger geht nun die Fahrt, und die Ebbe hilft mit. Man kann sich mal umgucken, was die andern machen.

»Gott soll mich bewahren, Hidde, wen hat der Vogt da an Bord? Ist das der Amtsschreiber?«

»Wahrhaftig, er ist's«, sagt Hidde.

Die Kogge des Vogts, die Greetmer Dienstflagge im Topp, holt sie auf. Richt Richts führt die Kogge. Schwer und wuchtig sitzt Eilert Vriezenga, der Vogt, im Steuergat. Sein bartloses Gesicht ist unbewegt. Er läßt das gestrandete Schiff dort auf dem Hubert-Sand nicht aus den Augen. Hat sich die Besatzung auch in eigenen Schaluppen retten können, er ist für die Bergung der Ladung verantwortlich. In wasserdichtes Segeltuch eingeschlagen, hält er seine Papiere unterm Arm. Er wird alles genau aufschreiben. Dienst ist Dienst...

Neben dem Vogt sitzt Herr Dufour, der Amtsschreiber. Er weilt seit einiger Zeit im Auftrage des Amtmanns zu Greetsiel auf der Insel. Es gilt, der Durchführung der fürstlichen Verordnungen auf die Sprünge zu helfen, denn die Borkumer haben es damit niemals eilig, ihre Querköpfigkeit ist auf dem Greetmer Amt nur zu gut bekannt. Diese rauhe Fahrt übrigens hat mit Dufours amtlicher Tätigkeit nichts zu tun; er macht sie zu seinem Vergnügen mit, um die Langeweile zu vertreiben. Der Amtsschreiber trägt eine Teerjacke wie die andern; die hat er sich wohl von einem der Leute geliehen oder gar von Gesche, der gutmütigen, etwas leichtherzigen Fischerswitwe, die nicht gut nein sagen kann und bei der er wohnt. Er ist spitznasig und blaß; es ist kalt, Mitte November. Richt Richts sitzt achtern, auf der Ducht des Steuergats. »Oll Bullerkopp!« knurrt Fokke und meint damit den Vogt.

»Hätte lieber bei Gesche bleiben sollen, der Penlikker, was? Ist kälter hier als in Gesches Küche, glaub ich«, spottet Hidde.

Inzwischen läuft ihnen auch Roleff Olfers hart auf. Fokke lacht in seinen roten Bart. »Laß sie!« schreit er. »Setz die Fock kanter!«

Fokke Fokkena weiß: sie sind doch die ersten beim Wrack, die Schnellsegler liegen tiefer und müssen die Dröögden meiden.

»Wahrschau!« ruft Hidde. »Drift voraus!«

Überall seetriftiges Holz: Spieren, Planken, Bootstrümmer und Schanzverkleidungen. Hidde Tjarks hat den Bootshaken in Händen, die gefahrbringenden Hölzer abzuwehren. Die Ebbe trägt sie nach draußen. Ein Namenbrett pickt er auf. Darauf steht: De goede Verwachting.

Das ist der Name des Schmackschiffs. Es war mit Wein, Kastanien und Prünellen von Barcelona nach Emden bestimmt — da, dem Hafen nahe, wirft es der Sturm auf den Hubert. Kapitän und Mannschaft sind nach Emden unterwegs. Freie Hand haben die Borkumer' zu bergen, bergen, bergen!

Eine Art wilder Trunkenheit überkommt die Insulaner, noch verhalten und zuinnerst gebannt. Doch bricht sie schon aus ihren Augen und Bewegungen. Denn: obwohl die Bergung von Ladungen gestrandeter Schiffe rechtlich streng geregelt ist und nur unter den Augen des Vogts

geschehen darf: kein Gesetz der Erde wird jemals diesen wikingerhaften Raubgeist völlig ausrotten.
Da liegt das Wrack. Der Großmast ist über Bord, Bugspriet und Vordergeschirr sind weggehauen, und vom Fockmast und Besan stehen nur noch Stümpfe. Es ebbt. Die Seen können nicht mehr heran. Das Schiff sitzt bombenfest, oben auf der Plate.
Fokke Fokkena und Hidde Tjarks sind im Begriff, im Schutz der Plate festzumachen. Die großen Koggen peilen fortwährend; sie haben Reffs ins Großsegel gesteckt und die Fock eingeholt.
»Fier Fock und Großsegel!« ruft Fokke. »Draggen klar!« Die Segel fallen. Der Draggen plumpst über Bord; die Trosse scheuert am Bug. Schurrend streift der Kiel den harten Sand.
Die Segel werden geborgen. Hidde steigt über Bord und bringt auch noch den Warpanker backbords aus, denn der Draggen allein genügt ihnen bei der starken Strömung nicht.
Dann patschen der lange Rotbärtige und der kleine bewegliche Hidde in ihren hohen Transtiefeln hinauf auf die Plate — Taue, Beile und Haken auf den Schultern.
Gott soll uns bewahren, wie ist die See zukehrgegangen! Das Schiff liegt stark auf der Seite. Vorder- und Achterkastell sind zusammengehauen wie Hummerkästen. Sieh, wie die Brechseen mit dem Großmast Rammpfahl gespielt haben! Der abgebrochene Teil des Großmastes, gehalten von Wanten und Pardunen, hat an der Steuerbordseite eine Bresche in die Schanzverkleidung gerammt, daß es aussieht, als ob der Treffer eines Oorlogschiffs darübergestrichen wäre.
Mit raschen Griffen und mit Hilfe ihrer Haken und Taue entern die beiden Männer an Bord.

Das Deck ist wie abrasiert, und die Brecher haben die Vorderluke eingeschlagen. Wasser gurgelt im Raum. Sie gucken nach unten: Wein! Faß an Faß; dazwischen, in Matten und durchweicht, Prünellen und Kastanien. Einige Matten, von stürzenden Fässern getroffen, sind geplatzt: Kastanien dumpeln und treiben im schülpenden Wasser.

Wie ist es achter?

Der Rotbart und der Schmalköpfige sehen sich in die Augen; aber keiner sagt etwas. Auf allen vieren kriechen sie aufs Achterdeck und versuchen, aus dem tollen Gewirr von zerschmetterten Planken und Brettern den Kajüteneingang freizulegen. Vielleicht ist doch noch etwas in der Eile zurückgelassen worden .... Schon stapfen sie den Niedergang hinab, da schallen Rufe von draußen.

»Wrack, ahoi!« grölt es. Das ist die Stimme des Vogts. Fluchend poltern die gestörten Kerle an Deck.

Und nun beginnt unter der Leitung des Vogts ein schnelles, schweres Arbeiten. Das Deck wird aufgeräumt. Die Pumpen werden gepeilt und betriebsfertig gemacht. Hammer und Beil treten in Tätigkeit: es muß ein Ladebaum hergestellt werden. Das geschieht mit raschen, sachkundigen Handgriffen. Am Maststumpf wird, unten drehbar, ein Notbaum, an welchem vorher eine Nottalje angebracht wurde, befestigt.

Und nun spuckt euch in die Hände!

Bald erscheint Faß um Faß, begleitet von singenden Rufen, die im springenden Wind und im Brüllen der See wie heisere Möwenschreie zerflattern. Außenbords werden die Fässer mit Tauen und Haken an die Koggen und Schniggen herangerollt und verladen, eine schwere Arbeit in der Novemberkälte und bis an die Hüften im eisigen

Wasser. Aber wer nicht zupackt, friert noch mehr. Und es dauert nicht lange, da faßt auch Herr Dufour mit an, angefeuert von einem guten Schluck Branntwein.
»Mit den Strandleuten muß man arbeiten und trinken! As ’t U belieft!« sagt Fokke Fokkena, als er dem frierenden Amtsschreiber die zinnerne Tasse unter die Nase hält.
Der Vogt macht eine abweisende Miene. Aber er kann dies nicht untersagen. Das ist nach uraltem Herkommen üblich. Dagegen hilft kein Gesetz. Und übrigens, es ist hundekalt heute.
»As ’t U belieft?« fragt Fokke.
Und auch der Vogt sagt nicht nein. Aber er will vorsichtig sein, denkt er. Dann ist er wieder eifrig am Aufzeichnen.
Hat der Vogt gesehen, was Hidde Tjarks tat, als der Rotbart ihm, dem Vogt, die Tasse Branntwein reichte?
Nein, das hat der Vogt nicht gesehen, und es war auch nicht nötig, daß er es sah.
Sie arbeiten mit frohem Eifer. Dabei rufen sie einander zuweilen Scherzworte und Grobheiten zu, die nicht böse gemeint sind und auch nicht so aufgenommen werden. Seltsame Arbeiter! Gischtumbrandet und mitunter mit dem halben Leibe im Wasser. Meerarbeiter und kühne Gesellen mit Hakennasen und salzwindpolierten Gesichtern. Oxhoft um Oxhoft rollt durch ihre hornigen Finger den Koggen und Schnicken zu.
Endlich sind die Schiffe voll. Der Rest muß morgen geholt werden. Die Flut mag kommen, damit sie heimfahren können. Doch die Flut hat noch Zeit; keine Minute weicht sie, außer der normalen Verschiebung, von ihrem Kommen ab.
Mitten auf der Plate, da, wo sie am trockensten ist, brennt ein großes Feuer. Spierhölzer sind kreuzweise dar

über in den Boden gerammt, ein Ankerstock liegt in den Gabeln, und daran hängt der größte Kessel aus der Kombüse der ›Goede Verwachting‹. Es brodelt im Kessel, ein starker süßer Geruch nach heißem Wein, vermischt mit dem schärferen Aroma des Branntweins, zieht über die Plate.

Das ist Hiddes Werk.

Schon wollen sich die müden Mannsleute die verklammten Hände am Feuer wärmen und sich am heißen Weingrog gütlich tun, da donnert das Wrack krachend auf die Seite. Der Schwerpunkt hat sich nach dem Löschen verschoben. Da gibt es denn erst noch neue Arbeit. Und sie tun noch ein übriges: mindestens vierzig Oxhoft Wein müssen vorläufig im Wrack bleiben, da ja Koggen und Schnicken voll beladen sind, indes, das Wasser steigt schon — und um ein Wegtreiben zu verhindern, hauen sie zwei, drei große Löcher in den Rumpf.

»Hau weg«, brüllt Fokke, »daß die Schiermonnikooger es nicht noch aufpicken!«

Schweigendem Zupacken bei harter Arbeit ist eine mehr und mehr sich steigernde gewaltsame Fröhlichkeit gefolgt. Der Grogkessel hat zwischendurch mehr als einmal gefüllt werden müssen. Hidde schwitzt wie ein Bulle, nicht allein von seinen Bemühungen um den herrlich duftenden Grogkessel, man muß doch probieren!

Gerade hat er eine Riesenpfanne voller Kastanien gar. Brutzelnd und springend hüpfen sie im — Öl? Gott weiß, worin er sie gebraten hat. Sicher ist: verlockend steigt auch dieser Duft den rauhen Männern, die jetzt von allen Seiten herbeikommen, in die Nasen. Fixer Kerl, der Hidde, beweglicher als die meisten von ihnen, hat ein Stück von der Welt gesehen, war in Ostindien und auf Walfängern nach Grönland.

Sie lagern sich am Feuer und brennen ihre Kalkstummel an. Ein scharfes Trinken beginnt, und mancher verbrennt sich den Mund an den heißen Kastanien.
Der Vogt hat seine Aufzeichnungen beendet. Sorgsam birgt er seine Papiere in der Segeltuchhülle. Da kommt er mit Dufour, dem Amtsschreiber. Sind ganz einträchtig, wie es scheint, die beiden. Wie es scheint. Aber einer paßt auf den andern auf. Der Amtmann zu Greetsiel könnte von gewissen Beschwerden erzählen. Übrigens verachtet der Vogt Dufour wegen dessen Beziehungen zu Gesche, jener Fischerswitwe drüben im Dorf.
»Platz für den Vogt und für den Amtsschreiber!« ruft Fokkena. »Soll mich verlangen, ob die beiden sich nicht noch in die Wolle kriegen«, knurrt er hinterher in den Bart.
Der Vogt hat vom Grogkessel bislang so gut wie nichts bemerkt.
Er hat keine Zeit dazu gehabt. Sein Pflichtgefühl ließ ihn nicht zur Ruhe kommen. Dieser Hüne ist ein wortkarger, fast schüchterner Mensch; aber er hat ein altes ostfriesisches Erbteil im Blut: er ist jähzornig. Und so poltert er denn los.
Was das für eine Sache sei, diese Sauferei hier; zwei Faß sogar hätten sie angebrochen; er habe dafür aufzukommen. Wie er das vor dem Amtmann, vor Kaufmann und Reeder verantworten solle und dergleichen mehr.
»Wessen Werk ist das?« fragt er endlich.
»Das ist mein Werk, Vogt«, sagt Hidde Tjarks gleichmütig, »und nun setz dich hin und trink!«
Das kommt so selbstverständlich heraus, daß der Vogt, da doch nichts mehr zu retten ist, die Sache ihren Gang gehen läßt und gute Miene zum bösen Spiel macht.
Da sitzen sie nun in der Runde; in roten, vom Salzwasser zerfressenen Händen ein Gefäß mit heißem Wein hal-

tend, irgendeins, das gerade zu kriegen war; in den wetterharten Gesichtern zuckt es: sie rechnen ihren Gewinn aus. Man muß aufpassen, daß man zu seinem Teil kommt. Ist es nicht immer so: trotz aller fürstlichen Strandverordnungen und Rollen, die jedem sein Teil zumessen, wird der einfache Insulaner übers Ohr gehauen, sogar von der Regierung — vom Vogt im besonderen — und dann auch vom Kaufmann und vom Reeder! Und sie tun doch die Arbeit, rackern sich ab in Wind und Wetter.

»Hast du schon ausgerechnet, Vogt, wie hoch sich der Part für jeden von uns beläuft?«

»Nein, Rolf Mewes, das hab' ich noch nicht, kann ich auch noch nicht, bevor nicht alles geborgen ist, solltest du wissen.«

»Das lügst du in deinen Hals, Vogt! Du willst es uns nicht sagen, das willst du. Aber wir werden dir auf die Finger gucken!«

Der Vogt schweigt, und Rolf Mewes wendet sich befriedigt dem Grogkessel zu — das hat er dem Vogt mal gut gegeben!

Niemand hat bei dem allgemeinen Lärm bemerkt, wie es jäh in den grauen Augen des Vogts aufblitzte und wie gleichzeitig die zinnerne Tasse unter dem Druck seiner mächtigen Hand zu einem formlosen Klumpen wurde. Wahrhaftig, er hat keinen leichten Stand unter diesen trotzigen Kerlen. Dann kommt etwas wie Beschämung über den riesigen Mann, er verschafft sich ein anderes Gefäß und trinkt dem Schreiber zu.

Der ist darüber verwundert und eigentlich auch nicht verwundert, denn seit einigen Stunden hat er sich gewandelt, kommt es ihm vor. Die Arbeit, das Trinken, mitten in der brüllenden See, das sind neue, ungewohnte Dinge. Er tut dem Vogt Bescheid.

Sie fangen ein Gespräch über Verwaltungssachen an und klagen über den Amtmann zu Greetsiel, obwohl sie beide wissen: was du jetzt sagst, berichtet er dem Amtmann. Dann entzweien sie sich plötzlich und geben sich harte Worte.
Dieser Zwist geht indessen im immer toller werdenden Lärm unter. Einige versuchen, mit rauhen Kehlen ein Lied zu grölen. Und auf einmal steht Hidde Tjarks da und macht verwegene Sprünge.
»Paßt auf, Jungens«, ruft er, »jetzt kommt ein Bruidlofts-Danz. Hab' ihn auf der Hochzeit eines Amsterdamschen Harpuniers gelernt.«
Er tanzt mit seltsam wiegenden Bewegungen, die Seeleuten eigen sind, wirft Arme und Beine in die Luft und singt:

HEER BRUIDEGOM EN JUFFROUW BRUIDT!
DE EGTE-STAAT IS ALS EEN SCHUIT,
DAT MET EEN VOOR EN TEGE WINDT
DE STROOMEN VOOR EN TEGE VINDT.
DAN IS HET EBBE, DAN WEER VLOEDT;
OP HUIDEN KWAAT, OP MORGEN GOET....

Hier vollführt Hidde seine Tanzsprünge gerade vor der Nase des Amtsschreibers, plinkert ihn aus listigen Augen vielsagend an und beendet Lied und Tanz:

HET ES NIET ALTOOS: STRYK EN ZET.
NOG ZOETE LIEFJE, KOMT TE BED.

Schallendes Gelächter hallt über die Plate. Herr Dufour weiß, worauf Hidde Tjarks anspielt. Aber das ist ihm jetzt gleichgültig. Er lacht aus vollem Halse mit. Wie?

Kann er nicht auch einen Cantus singen? Er sinnt und trinkt, und trinkt und sinnt; aber er findet keinen Cantus. Woran das nur liegen mag? Sonst schüttelt er sogar selbstverfaßte Distichen aus dem Ärmel, wenn er will. Alles vergessen in dieser schrecklichen Einöde an der Nordsee! Rauschen Wälder? Dehnt sich sommers meilenweit Korn in einem Land, das seine Heimat ist? Ach, zum Teufel!

Wüster wird der Lärm.

Grollend rollen die ersten Brecher den Rand des Hubert-Sands hinan. Das Wasser steigt. Die Flut kommt näher. Jäh bricht die Sonne tief im Westen durch rotbraunes Gewölk.

Da gibt sich der Vogt einen Ruck, wirft die Tasse aus der Hand und erhebt sich. Verächtlich mustert er die betrunkenen Schiffer und den ihn glasig anstierenden Schreibersmann. Seine mächtige Gestalt steht stur und unbeweglich. Das Saufen kann ihm nichts anhaben. Dann geht er mit festen Schritten auf die verankerten Fahrzeuge zu. Unterwegs sucht er den Horizont ab. Kein Schiff in Sicht außer dem Kaper drüben vor der Osterems, der schon seit längerer Zeit in der Emsmündung kreuzt. Der Vogt kraust die Stirn, als er das Kriegsschiff betrachtet. Eine neue Sorge bedrückt ihn. Vor ein paar Tagen erst hat die Besatzung roh im Dorf gehaust und das Kirchengestühl zerschlagen. Gut, daß Weiber und Kinder sich beizeiten in den Dünen versteckt halten konnten. Das Gestühl muß erneuert werden ... und nun die verfluchte Sauferei auf dem Hubert ... Na, der Amtmann wird ihm schön auf den Kopf kommen. Dafür wird auch diese mickrige Schreiberseele sorgen. Aber was glauben diese Herren denn? Meinen die, daß es leicht ist, mit solchen Trotzköpfen und Stiernacken umzuspringen?

Lautes Geschrei unterbricht den Vogt in seinen bitteren Betrachtungen. Rasch wendet er sich um: Ist es soweit? Natürlich, sie hauen aufeinander los wie Bettelpack. Der Kessel fliegt vom Haken, das Feuer wird von stampfenden Stiefeln auseinandergezerrt, glühende Scheite sausen durch die Luft.

Einen raschen Blick noch wirft der Vogt auf die Koggen und Schnicken: die Schiffe liegen gut verankert, die meisten sind schon flott — dann setzt er sich in Trab. Mühsam verhaltener Zorn überkommt den finstern Mann. Er ist ihr Vogt und — ihr Feind, wie sie glauben. Aber er ist von ihrem Blut: jähzornig und auffahrend wie sie und wie die See, wenn auch meistens ruhig und verschlossen.

Er kommt über sie wie eine Grundsee.

Mit der bloßen Faust haut er sie zusammen. Hidde Tjarks, der den entsetzten Dufour am Halskragen würgt, bekommt einen Fußtritt vor den Achtersteven, daß er kopfüber schießt und ein Stück über die Plate rollt. Rolf Mewes will sich dem Rasenden entgegenstellen, das blitzende Beil in der Faust. Da bricht ein stählerner Glanz aus den Augen des Vogts; mit einem Griff reißt er eine der eingerammten Spieren aus dem saugenden Sand und schwingt die schwere, zwölf Fuß lange Waffe im Kreis. Voller Staunen weichen die Raufbolde zurück. Sie werden nüchtern. Der Vogt imponiert ihnen. Sie wußten bisher nicht, daß er solch ein Kerl sein kann. Sie sind ja einfache Naturen, denen nur außergewöhnliche Kraftäußerungen Achtung ablocken.

Fokke Fokkena, einer der wenigen Vernünftigen, nimmt dem verblüfften Rolf Mewes das Beil weg.

Da schleudert Eilert Vriezenga, der Vogt, die Spiere zur Seite. Noch kocht der Zorn in ihm, und seine Stimme

klingt rauh und grollend, als er herrisch auf die Schiffe deutet: »An Bord, Leute! Wir wollen nach Borkum!«
Doch es rührt sich keiner.
Da sagt Fokke Fokkena mit fester, ruhiger Stimme, während die untergehende Sonne in seinem Bart flammt:
»Hast recht, Vogt. Aber spiel hier kein Theater. Das steht dir nicht gut, Vogt. Kommt, Leute!«
Da gehen sie, ein wenig schwankend zwar, aber gutwillig, an Bord.
Der Vogt läßt den Arm sinken; sein vorgerecktes Kinn wird schlaff, der Unterkiefer klappt weg. Sein Blick wird unsicher und flackernd.
Was war es, das aus Fokkenas ruhigen Worten spottend klang? Es war etwas, das ihm die Kluft zeigte, die breite, unüberbrückbare Kluft zwischen freien, auch in ihren Verfehlungen und Leidenschaften für sich selbst einstehenden Menschen und dem davon nicht minder berührten, aber pflichtgebundenen Fürstendiener, der er immer für sie ist und bleibt. Ein Gefühl des Neides wird in ihm wach. Er ist wie sie und doch anders. Ein Häuptling, er? Nein, eher scheint Fokkena aus dem richtigen Holz geschnitzt zu sein. Bitterkeit erfüllt sein Herz. Er starrt auf die mächtige, schwarzblaue Abendwolke dort überm Riff. Es ist ihm, als ob sich all die unsagbare Trauer ihres dunklen Widerscheins wie in einem Brennpunkt in seiner einsamen Seele sammelt. Einsam! Das ist es. Wer ist einsamer als er? Aber gibt Einsamkeit nicht auch eine Kraft und einen Trost?
Du tust deine Pflicht, Eilert Vriezenga! sagt der Vogt zu sich selber, und schreitet entschlossen auf sein Fahrzeug zu.
Sieh, wie sie jetzt johlend und riesenhaft lustig an Bord torkeln. Wer ist das, der den Amtsschreiber wieder und

wieder umarmt, bevor er im Zickzackkurs seinem eigenen Schiff zuschreitet? Das ist natürlich Hidde Tjarks, dieser unverbesserliche Scheervogel.
Da lächelt Eilert Vriezenga, der Einsame, leise. Und er lächelt noch, als sie schon mit allen Fahrzeugen der Insel zusteuern. Aber man weiß nicht, ob es Verzerrtheit ist oder ein Abglanz endlich gefundener Beherrschtheit seines Wesens, was sich in seinem wetterzerfurchten Gesicht ausdrückt.
Der Hubert-Sand dort hinten wird kleiner und kleiner. Höher türmen sich über ihm die dunklen Leiber der Brandung. Vor der bleichen Kimmung liegt das schwarze Wrack, wuchtend wie ein gestrandeter Wal.

Der Finnwal

›IN'T NAJAAR 1682 VOND EEN VINVISCH
ZIG BEZET OP DE ZEEUWSCHE STROMEN ...‹

Fischer von den seeländischen Eilanden Walcheren und Schouwen, Leute aus Westcapelle und Brouwershaven, sahen ihn draußen in der Nordsee zuerst.

Er kam daher wie ein König der Tiefe, groß, gewaltig und von wundervoll ruhigem Gleichmaß in allen Bewegungen. Sein Blasen klang wie Schnauben starker Hengste, er warf dicke Dampfsäulen oben aus dem Kopf. Mitunter schlug er mit den Seitenfinnen und bewegte sich auf diese Weise schlingernd fort, indessen sich die See um ihn her mit Schaum bedeckte und sein zehn Fuß breiter Schwanz, den er gleichsam als Wrickriemen gebrauchte, ihn ohne Aufenthalt die Bahn durch die Wogen vorwärts stieß – Bugwellen vor Kinnladen und Barten.

Es hatte seinen Grund, daß er sich so aufführte.

Vor ihm her zogen breite dunkle Streifen. Sie färbten die grüne See weithin schwärzlich, obwohl die Sonne schien und es ein klarer Herbsttag war. Das waren gehetzte Heringsschwärme und erschreckt fliehende Makrelenzüge. Die ängstigte er, trieb sie vor sich her und tat sich gütlich daran, wenn es ihn gelüstete. Er schwelgte und fühlte sich wohl dabei.

Es war ihm nicht gut ergangen während der letzten Wochen. Er hatte sich verirrt. Da oben um Schottland herum war er in ein Meer geraten, das voller Untiefen war und wo er seinesgleichen nicht aufspüren konnte. Und er fühlte sich einsam. Wo, bei allen Harpunen der Welt, war die junge weißbauchige Walkuh geblieben, die

eines Tages dem Bereich seiner Sinne entschwunden war? Er hatte sie gesucht, Wochen hindurch. Sie war schuld, daß er in diesen elenden Tümpel geraten mußte.
Da traf er, unfern der englischen Küste, Kleinfischschwärme! Ha! Hunger ist stärker als Liebe! Und er hatte gehungert. Warum sollte er sich nicht entschädigen, wie? Im Übermut hob er den Schwanz und schlug, bum! die See zu Schaum, und noch einmal, bum! daß es dröhnte wie Kanonendonner eines Convoyers ...
Großer Gott, wohin mit all den Fischen!
Netze zerrissen unter der Wucht des Ansturms solchen Gewimmels. Niemals war ein Fang reicher gewesen.
Wohl beobachteten die Fischer den Leviathan. Als Beute aber kam er für sie nicht in Betracht. Sie hatten keine Geräte, nicht einmal eine armselige Harpune, um Jagd auf ihn zu machen. Gut. Er jagte ihnen Fisch in die Netze. Das genügte. Die Hauptsache war, daß er die Netze nicht zerriß. Mehr wollten sie nicht von ihm.
Die ganze Fläche der Nordsee vor der Oosterschelde bedeckte sich an diesem gesegneten blauen Oktobertag mit roten, braunen und grauen Segeln. Von allen Inseln, besonders von Nordbeveland und Duiveland, eilten Boote nach draußen. Bis zum Sinken beladen fuhren sie heim.
Wohin mit all den Fischen, großer Gott!
Es war ein Finnwal. Wenn er nach oben kam, um zu blasen, sah man, gleich einem Buckel, die Finne, wohl zwei Fuß hoch und vier Fuß breit, auf seinem bräunlich glänzenden Rücken. Sein Kopf war nicht unförmig groß. Überhaupt schien das ganze Tier trotz seiner Länge durchaus harmonisch gebaut zu sein. Es glich dem Rumpf einer gutgebauten schnellsegelnden Schute. Wenn

es untertauchte, öffnete sich das Meer zu einem Trichter, man sah den weiten Abstand der Rückenfinne von der Rückenflosse, und ein paar Sekunden lang stand die Schwanzflosse wie ein ungeheures schwarzes Blatt in der Luft.

Er kam aus dem Atlantik. Lange Zeit hatte er sich zwischen den Wendekreisen umhergetrieben. Die südliche Südsee war seine Heimat. Ja, er hatte eine tüchtige Reise hinter sich. Und jetzt war er hier.

Und hier sollte er sterben!

Es läßt sich nicht ergründen, weshalb er den Weg aufs hohe Meer nicht wieder zurückfand. Reißender Ebbestrom hätte ihn fast ohne sein Zutun geführt. Genug, er blieb. Der Hunger war einstweilen gestillt. Jetzt war er neugierig, wohin er geraten. So schwamm er denn, bei Flut und halber Tide, in die Mündung der Oosterschelde. Wasser genug! fühlte er, und das machte ihn sorglos. Und da verirrte er sich zum andernmal! Er hatte sich zu weit hineingewagt. Als die Ebbe einsetzte, stieß er allenthalben mit seinem Kopf gegen schlickige Muschelbänke und harte Sandplaten.

Benaut und benommen wurde ihm von dem ungewohnten erdiggrauen Wasser, das ihn hier umgab und in dem man nicht einmal ordentlich tauchen konnte; er schwamm und suchte, aber fand sich nicht heraus aus diesem Gewirr von Eilanden, Bänken und Buchten, Prielen und Tiefen. Schließlich merkte er, daß es Stellen gab, wo auch bei Ebbe ein paar Faden Wasser stehen, und dort hielt er sich auf. So geschah es denn, daß er eines Tages vor dem Goeschen Diep gesehen wurde und tags darauf vor Oltgens Plaat. Am dritten Tage kam er zwischen den Eilanden Tholen und Duiveland durch das Keeten-Water hindurch bis ins Mastgat nach der Zype geschwommen.

Bisher war niemand auf den Gedanken gekommen, Jagd auf den Wal zu machen. Nun aber sollte ihn sein Schicksal ereilen.

Ein älterer Schiffer lag mit seiner Jacht, einem leichtsegelnden Fahrzeug, beim Schlickanwachs vor der Zype. Er hatte Weizen von Vossemeer nach Oude Tong gebracht. Von dort durch die Zype leer zurückkommend, hatte er bei der Plate festgemacht und war ausgestiegen, um Miesmuscheln zu holen.

Da sieht der Junge den Wal, der bald auftaucht, bald wieder in die Tiefe geht und zuweilen, beim Nachobenkommen, dicke Strahlen ausbläst. Er schwimmt näher und näher. Jetzt legt er sich, ein paar Schiffslängen von der Jacht entfernt, schräg an die steile Kante der Plate.

Oh, wie müde ist er des Suchens und Nichtfindenkönnens! Sein Rücken ragt ein Stück aus dem Wasser; er gleicht einem Berg in der flachen, seedunstflimmernden Urweltlandschaft dieser Schlickbank.

Es sind noch einige andere Leute beim Muschelholen auf der Plate. Sie gehen mit dem Schiffer dahin, wo der Wal liegt. Einer sticht ihm den Bootshaken in den Leib. Ah! ... das tut weh.

Die Schlickkante bebt. Der Wal schießt zu Wasser und schwimmt davon.

Die anderen Leute begeben sich wieder an ihre Arbeit. Sie haben keine Zeit, sie müssen die Ebbe ausnutzen.

Draußen enteilt der Wal. Er nimmt Kurs auf die Muschelbucht südlich von St. Philipsland.

Der Schiffer aber springt an Bord. Sie werfen los, setzen Segel und verfolgen den Walfisch.

Niemand weiß, wie der Mann hieß. Das tut auch nichts zur Sache. Der Mythos hat sich seiner bemächtigt! Im übrigen benimmt er sich kühl, sachlich, wie ein richtiger

Niederländer und alter Schiffer, der er ist. Er ist bei Jahren, aber er hat Heft und Ruder in Händen. Da ist ein Fang in Aussicht, der etwas einbringt, wenn es gelingt. Und es muß gelingen. So geht er denn auf den Wal los, ohne richtiges Fanggerät, mit einem Küchenmesser, godverdikke!
Der Junge schert Taue an die beiden tragbaren Anker, die man Draggen nennt. Brise genug, den Ebbestrom totzusegeln; bald ist übrigens stehend Wasser. Sie sind südlich des Polders von St. Philipsland.
Wo ist der Fisch?
Da?
Dort, dicht vorm Bug!
»Holl of!«
»Still! Fier das Segel!«
Das Segel fällt. Das Ruder fliegt herum.
Langsam gleitet die Jacht an den Wal heran.
Der liegt ruhig, fast reglos. Zuweilen pustet und stöhnt er, müde und verloren mit der Schwanzflosse plunschend.
Der Alte, das Messer zwischen den Zähnen, springt nach vorn, seltsam jung sind seine Bewegungen. Ein Griff: den kleinen Draggen her! Handgriffnah! Dann faßt er das Messer und schneidet ein Loch in den Wal! Es gleitet hinein wie in Butter. Noch ein Griff, und der Draggen sitzt. Läuft die Leine klar?
Was ... Ein Ruck! Leine und Draggen in Stücken. Aber der Wal liegt.
Den großen Draggen her, schnell! — Hinein damit. — So! Ab schießt der Wal, als ob er auf den großen Draggen gewartet habe. Ein gewaltiger Stoß erschüttert das Schiff. Der Baum haut dem Jungen um die Ohren. Doch Draggen und Trosse halten. Wenn das Spill nicht bricht ... ? Auch das hält. Nun laß ihn sausen!

Der seltsame Schleppzug stockt indessen bald. Der Wal hält, bläst in einem fort Wasser und peitscht mit dem Schwanz.
Vorsehen!
»Gib mehr Lose! – So! Set fast!«
Und nun abwarten.
Inzwischen setzt die Flut ein, und sie treiben weiter landeinwärts. –
»Halt den Haken klar!«
Wieder gleitet die Jacht auf den Wal zu.
Sich mit der Linken an die Reling krampfend, beugt sich der Alte weit über Bord und stößt dem müden Tier das Messer von unten in den Leib.
Zurück springt der Alte. Rasch stemmt der Junge das Schiff wieder ab.
Der Wal rührt sich kaum. –
Hat er den Stich nicht gespürt?
Geht es zu Ende?
Mittlerweile ist ein Schiffer von Bergen op Zoom zu ihnen gekommen. Schon hofft er, an der Beute teilzuhaben. Als er aber sieht, daß der Wal an solcher Wunde nicht stirbt, nimmt der Bergener seinen Kurs wieder auf und segelt weiter.
Nicht lange danach kentert das erschöpfte Tier und dreht den Bauch nach oben. Der ist weiß und voll tiefer Furchen.
Nun längsseits!
Rasch schneidet ihm der Schiffer ein Loch in den Bauch.
Wehr dich doch! Läßt sich der König der Tiefe abstechen wie ein Schwein?
Ach, sein Ende gestaltet sich zu einer hohnvollen Groteske. Es ist so lächerlich, daß man darüber weinen könnte.

Doch er wehrte sich. Er peitschte das Wasser zu Schaum; der rot wurde von seinem warmen Blut. Die Jacht schaukelte wie ein Holzschuh. Mit seiner Nase stieß er das Ruder vom Heck. Dann aber gab er es auf.
Er mochte nicht mehr. Er war krank vor Heimweh nach seinen Meeren. In sternenüberblühten Ozeannächten spiegelte sich der Schein des Südlichts auf seinem triefenden Rücken, wenn er nach oben kam …
Empfand seine blinde Seele dies noch einmal, bevor er gegen Abend endlich starb?

Eispressung

Der Walfischfahrer ›De Blecker‹ kreuzte am Rande des Treibeises bei Spitzbergen. Es war um die Zeit, als die Wale, durch Erfahrung schlau geworden, sich nicht mehr im offenen Wasser aufhielten, sondern Schutz suchten im Treibeisgewimmel. Die Fangschiffe segelten den unentbehrlich gewordenen Tieren nach.

Garbrand de Witt, Kommandeur des Schiffes, fuhr jäh empor aus kurzem, schwerem Schlaf, in welchen ihn und die Leute seiner Wache das mühselige Abmachen des Wals, den er mit eigener Hand harpuniert, versetzt hatte. Geträumt hatte ihm auch von einem wolfsartigen, riesenhaften Untier, das mit hängender Zunge und bleckenden Zähnen über eine große Eisfläche drohend auf ihn losgetrabt kam ... Nun hellwach, lauschte er gespannt. Fernher klang es wie dumpf brüllender Donner, von der Luvseite kamen polternde, klirrende Laute. Jetzt erschütterte ein hallender Stoß das ganze Schiff, knirschendes Schurren rieb an der Außenwandung. »Eisgang!« rief er, sprang aus der Koje, zog sich hastig den zweiten Wolltroyer über, stülpte die Seehundsfellmütze auf den Kopf und riß in höchster Eile einen flachen wasserdichten Behälter, der die wichtigsten Schiffspapiere enthielt, aus der Schublade und stopfte ihn in die Tasche; dann griff er nach den Fausthandschuhen und trampelte den Niedergang hinauf. In der Kajütskappe lief er dem Steuermann Brakel in die Arme, der ihn hatte wecken wollen.

»Eisgang, was?« fragte er ihn scharf. »Warum habt Ihr mich nicht früher geweckt?« Zornig sah er dem schwerfälligen Mann in die traurig blickenden Augen. Trotz der guten navigatorischen Fähigkeiten des Steuermanns mochte der Kommandeur ihn nicht, seit sich Jan Brakel im vergangenen Winter erkühnt hatte, ihm bei Harda Tomdiek den Wind aus den Segeln zu nehmen.

»Eisgang aus Südosten, Kommandeur«, meldete Jan Brakel. »Es kam zu rasch«, fügte er entschuldigend hinzu. Er hatte diese Worte geschrien, denn ringsum war ein Lärm in der grauen Luft wie von hundert unaufhörlich losballernden Kanonen.

Der Kommandeur schob den Steuermann beiseite und sprang aufs Achterdeck. Sein erster Gedanke war: das Ruder! Ja, da hing es: aus den Fingerlingen gehoben und quer zum Schiff festgezurrt — ganz wie man es zu seiner Schonung bei stillem Wetter während der Fahrt durch Treibeis zu tun pflegte. Nicht zu gebrauchen! Also hieß es, mit Schoten und Brassen steuern, wie bisher.

Es standen nur Vormarssegel und Blinde. Mehr Segel zu setzen, schien nicht ratsam.

Garbrand de Witt wußte, es gab nur eine Rettung: das Schiff mußte tiefer ins Eis hinein. Ob es sich mit Hilfe von Schoten und Brassen steuern ließ . . . ? Ja, das war die Frage. Er sah sich um. Der Südostwind war stark aufgefrischt. Vor einer Stunde noch spiegelblank, warf die See jetzt hohe Wellen und brachte das Treibeis in Bewegung. Polternd und knirschend prallten die Eisschollen aneinander und bedrohten das Schiff.

Nein, das Schiff ließ sich mit diesem Notbehelf nicht mehr steuern. Statt ins Eis hinein, wie es sollte, drängte es seewärts. Donnernd preßten die großen Schollen gegen

die Außenwandung und reichten im Überkanteln bis an die Rüsten der Masten.
Da erkannte der Kommandeur, daß er seinen Leuten freie Hand lassen mußte, wenn sie sich retten wollten.
»In die Boote, wer will«, rief er. »Aber wer zu mir hält, bleibt an Bord.«
Vier Schaluppen lagen in Lee, der Schutzseite des Schiffes, vertäut. Wie durch ein Wunder waren sie unversehrt geblieben. Die meisten Leute verließen das Schiff. Mit Hilfe von Eisbäumen, starken Rundhölzern, sprangen sie von Scholle zu Scholle und gingen tiefer ins Eis hinein; drei Schaluppen zogen sie hinter sich her. Das vierte Boot lag noch längsseits der ›De Blecker‹.
Sieben Mann waren bei ihrem Kommandeur an Bord geblieben. Garbrand de Witt versuchte jetzt, mit dem Schiff die offene See zu gewinnen. Das schien anfangs zu glücken. Da zerschnitt eine mächtige, jäh hochkantelnde Scholle die vordere Luvwant; schwer schlug das nun völlig manövrierunfähig gewordene Schiff gegen den scharfen Rand des Treibeises. Die Steuerbordseite riß auf. Das Schiff drehte in See und kenterte so rasch, daß die Schiffbrüchigen eben noch Zeit fanden, sich mit dem einzigen Boot, daß ihnen geblieben, aus dem im Donner der Eispressung sinkenden Schiff zu retten.
Das Schiff war verloren. Eisschollen kreisten in dem Wirbel, wo es gesunken war.
Garbrand de Witt warf vom Heck des Bootes einen langen Blick auf die Unglücksstelle. Ein paar Planken und Fässer trieben zwischen den schon langsamer kreisenden Eisschollen. Das war alles. Es war nicht das erste Schiff, das der Kommandeur im Eise verloren hatte. Jahr um Jahr gingen Dutzende von Walfischfahrern auf diese Weise zugrunde, seit man gezwungen war, den immer

scheuer werdenden Walen in dieses gefährliche Gebiet zu folgen. Aber er verwünschte Jan Brakel, seinen Steuermann. Warum hatte der ihn nicht früher geweckt? Warum war er übrigens nicht bis zuletzt mit an Bord geblieben, dieser Hasenfuß? Und der wollte ihn bei Harda Tomdiek ausstechen! »Warte nur, bis wir uns wieder treffen, Freundchen«, knurrte er grimmig. Es wollten noch andere Gefühle im Herzen des Kommandeurs aufsteigen. Er liebte sein Schiff, und nun lag es, mitsamt seiner wertvollen Ladung, auf dem Grunde des Arktischen Meeres ... Gewiß, es war versichert; die Reeder würden ihm im nächsten Jahr ein neues Fahrzeug anvertrauen, trotz dieses Unfalls – aber es würde eben nicht die ›De Blecker‹ sein ... Doch das Knarren der Riemen in den Dollen, das Schurren der Eisschollen im Seegang ließen zum Grübeln keine Zeit. Noch war die Not über ihnen. Wohin waren die andern Leute geraten? Ja, die Gefahren der Arktis, die bitterharten im offenen Boot, begannen erst! Schon hüllte dichtes Schneegestöber das öde, eisbedeckte Meer in Grau und Dunkelheit. Sie tasteten sich am Saum des Eises entlang.
Nachdem sie etwa eine Stunde gerudert hatten, ließ das Schneetreiben nach. Es klarte langsam auf. Sie fuhren gerade am Rande eines großen Eisfeldes entlang, als Garbrand de Witt auf einem Vorsprung eine menschliche Gestalt bemerkte, die eine Leine in der Hand schwang. Mit aller Kraft ruderten sie auf die Stelle zu. Mehr und mehr klarte es auf. Jetzt konnte man drei Schaluppen erkennen; sie lagen hoch und trocken auf dem Eisrand. Waren es seine eigenen Leute? Wer anders konnte es sein? Ja, jetzt erkannte er deutlich den Mann, der die Leine schwang. Es war Gayke Evertsen, der Harpunier. Leute liefen von den Booten herbei. Evertsen warf dem Kom-

mandeur die Leine zu, und bald lag auch das letzte Boot neben den drei andern.
Garbrand de Witt hatte seine Leute wieder beieinander. Aber wo war der Steuermann? Dem vor allem wollte er zu Worte.
Er befahl Evertsen, den Steuermann zu ihm zu schicken. Das Gesicht des Harpuniers wurde ernst. Er sagte: »Es ist sonst niemand zu Schaden gekommen, Kommandeur – aber Steuermann Brakel ist tot. Auf dem mühsamen Weg über das Treibeis ist er zwischen die Eisschollen geglitten und nicht wieder zum Vorschein gekommen. Wir konnten ihm nicht helfen...«
Garbrand de Witt nickte schweigend. Für einen Augenblick sah er Harda Tomdieks junges Gesicht deutlich vor sich; aber plötzlich schob sich das starre Antlitz des Ertrunkenen zwischen ihn und sie. War er krank? Was hatte er mit dem Toten zu schaffen, der durch seine eigene Ungeschicktheit zugrunde gegangen war?
Er stand allein und abseits. Gayke Evertsen war nach den Booten gegangen.
Grübelnd starrte der Kommandeur über die flimmernde Fläche des unabsehbaren Eisfeldes ... Was kam da hergetrottet? Ein Eisbär? Er fuhr sich mit dem klobigen Fausthandschuh über das Gesicht; Eiszapfen klirrten in seinem wirren, hellblonden Bart. Nein, es war nichts. Müde und überanstrengt war er; was Wunder auch. Aber mit einemmal legte sich ihm ein seltsam lähmendes Gefühl um Herz und Sinne. Es kam doch etwas über das Eis dahergezottelt, wenn man es auch nicht sah, etwas Unfaßbares, Unheimliches. War es das wolfsartige Ungetüm aus dem Traum ...?
Garbrand de Witt riß sich zusammen. Noch fühlte er sich verantwortlich für seine Leute. Er rief die Bootsbe-

satzungen zu sich und gab seine Anordnungen für die nächsten Stunden. Er teilte die Wachen neu ein und ließ die Lebensmittel und das Trinkwasser gleichmäßig auf alle vier Boote verteilen. Danach sprach er den Leuten Mut zu — er, der in seiner seelischen Not selber des Zuspruchs bedurft hätte. »Sobald die schwere Dünung sich gelegt hat, lassen wir die Boote wieder zu Wasser, Leute. Ich, euer Kommandeur, werde euch dann an die Fangplätze anderer Walfischfahrer führen. Ihr von der Wache späht mir inzwischen scharf nach etwa aufkommenden Schiffen aus.«
Es war nur gut, daß es Juli und mitten in der Fangzeit war; so konnten sie zu jeder Stunde Ausguck halten, denn um diese Jahreszeit gibt es in den hohen Breiten keine Nacht.
Noch war der Zustand erträglich. Zum mindesten war man auf dem großen Eisfeld einigermaßen in Sicherheit. Evertsen hatte den Auftrag, irgendwelches jagdbare Getier zu erlegen, am besten einige Robben; aber er kehrte stets mit den Leuten, die er mitgenommen, ohne jegliche Beute zurück. Die Klappmützen hatten sich schon beim Anblick des ersten Bootes davongemacht. Abwechselnd schlief man in den nach Eskimoart schnell gebauten Schneehäusern; es waren welche unter den Schiffbrüchigen, die die Kunst des Schneehausbauens gelegentlich einer Überwinterung erlernt hatten. Die Zeit verging. Niemand merkte dem Kommandeur an, daß ihm eine starke seelische Erschütterung zugestoßen war. Er merkte es selber kaum noch. Alle Hände voll hatte er zu tun, um seine Leute, soweit sie nicht gerade schliefen, in Bewegung zu halten. Die Boote hatten beim Zerren über das Eis schwer gelitten; er ließ sie instand setzen und wieder seetüchtig machen, und oft genug griff er selbst sachkundig mit zu.

Sechsunddreißig Stunden befanden sie sich auf dem Eisfeld. Kein Schiff war in Sicht gekommen. Da beschloß der Kommandeur, weiterzufahren; denn die Vorräte gingen zur Neige, und jagdbares Getier ließ sich nicht blicken.

Die See hatte sich mittlerweile beruhigt. Spiegelglatt lag sie da, als die vier Schaluppen vom Rande des Eisfeldes abstießen.

Ohne jegliches nautische Instrument, nur seinem Instinkt folgend, nahm Garbrand de Witt den Kurs in die Richtung auf, wo man den Erfahrungen nach auf andere Walfischfahrer treffen konnte.

Würden sie auf ein Schiff stoßen?

Es wurde eine harte Ruderreise. Das Trinkwasser gefror in den Bootsfässern, sie mußten die Dauben zerschlagen und die mit dem Messer abgesprengten Eisstücke im Munde zergehen lassen. Knapper und knapper mußten die Lebensmittel verteilt werden. Garbrand de Witt war der geborene Führer, auch jetzt noch, wo ihm, von niemandem bemerkt, das furchtbare Schwermutsgefühl, das den Menschen im hohen Norden packen kann, auf die Seele gefallen war. Fast unausgesetzt sprach er zu den Leuten, zu denen in seinem Boot und zu denen in den andern. Zwar schwebte über ihnen allen das Gespenst des Hungers und der Meuterei, aber er vertraute auf den gesunden Sinn seiner Leute. Und das konnte er. Es waren ruhige, wetterharte Gestalten, Niederdeutsche zumeist, Inselfriesen gleich ihm, und Leute aus Westfalen. Gayke Evertsen verstand die Kunst des Geschichtenerzählens. Seine Erzählweise war kraus und geheimnisvoll, dabei seltsam überglänzt von einem gewissen bitteren Humor. Das schätzten sie alle, und wenn Gayke Evertsen, Steuerer einer der Schaluppen, sein Garn spann, dann hielten die Boote sich besonders nahe beieinander. So half der lange Harpunier dem Kommandeur.

Fast zwölf Stunden waren sie unterwegs, da sahen sie die Riggen eines Walfischfahrers, der in einer Bucht am Eisrand festgemacht zu haben schien.

Ein Schiff, ein Schiff!

Neuer Lebensmut erfaßte alle. Mit frischen Kräften legten die Leute sich in die Riemen. Schaum vor dem Bug, schossen die schweren Walboote vorwärts. Die Riemenblätter bogen sich, und die Dollen knarrten. Welch herrliche Musik für die Ohren der Bootsführer! Auch für die des Kommandeurs? Nein. Sonderbar — jetzt, wo Rettung winkte, konnte er nicht in die Freudenrufe der andern miteinstimmen. Freilich, eins befriedigte ihn: seine Eingebung hatte nicht enttäuscht, der gesteckte Kurs war richtig gewesen — auch ohne nautische Instrumente. Dort lag ein Schiff ... Er lächelte bitter. Nun seine letzte Hauptaufgabe gelöst war, nahmen Stumpfheit und Gleichgültigkeit von diesem doch eigentlich mit Entschlußkraft und Vitalität geladenen Mann Besitz.

Sie wurden alle gerettet.

Es lagen noch mehr Schiffe in der Nähe. Jedes übernahm eine Anzahl der Schiffbrüchigen. Das war Brauch und Recht.

Garbrand de Witts Zustand wurde immer absonderlicher. Er war nicht körperlich krank. Was ihm fehlte, saß tiefer. Als die Heimatswimpel wehten, empfand er nicht die Spur einer Heimkehrfreude, und die derb-lustigen Spiele der Matrosen vorn auf der Back, über die er früher bis zu Tränen hatte lachen können, reizten ihn kaum zu einem flüchtigen Lächeln. Gleich dem kalten Druck einer Eispressung lag es um all sein Denken und Tun.

Wochen später stapfte auf der Insel Borkum ein Mann den Dünenpfad entlang und bog in das mit Walfischrippen umzäunte Haus des ehemaligen Kommandeurs Tomdiek ein – zögernd und schwerfällig.
Der Alte, zittrig und vertrocknet, saß im Hörnstuhl, die Füße in blauwollenen Socken auf die Herdplatte gestemmt. Harda wäre nicht da, sei im Dorf bei einer Freundin, sagte Tomdiek, ohne danach gefragt zu sein. »Setz dich, Kommandeur.«
Garbrand de Witt nahm dem Alten gegenüber Platz. Sie schwiegen eine lange Weile. Umständlich und mit zitternden Händen langte Tomdiek nach Tabak und Tonpfeifen. Aber de Witt lehnte zur Verwunderung des Alten ab.
Bedächtig und fachmännisch erkundigte der Alte sich nach dem Verlauf der Reise, und Garbrand de Witt berichtete kurz, was sich ereignet hatte. Als er von Jan Brakels traurigem Schicksal erfuhr, hob der ehemalige Kommandeur die eisgrauen, spießigen Brauen und sah den jüngeren Mann aus seinen verwaschenen Augen scharf und forschend an.
Ruhig hielt Garbrand de Witt dem bohrenden Blick Gerrit Tomdieks stand.
Wieder schwiegen sie.
Neben der offenen Herdstelle stand eine lange schmale Kiste, eine Schiffskiste, reich geschnitzt an den Kanten und mit der primitiven Darstellung einer Walfischjagd auf der Vorderseite geschmückt; das Fell eines Eisbären lag auf dem Deckel ausgebreitet. Garbrand starrte die Kistenbank an. Dort hatte er einmal in einer unvergeßlich glücklichen Stunde neben Harda gesessen...
Es war so still in der dämmrigen Stube; seltsam betonte das Ticken der Halbkastenuhr das Schweigen.

Ein klirrender Laut...
Garbrand fuhr auf. Die Herdflammen loderten; der Alte hatte mit der Feuerzange in den Torfsoden herumgestochert.
Nun klang das Muhen von Kühen vom Hinterhaus herüber. Die Tiere kamen von der Außenweide und standen, Einlaß begehrend, vor ihrer Stalltür.
Gerrit Tomdiek erhob sich brummelnd, schlüpfte in die Holzschuhe und ging, um den Tieren die Tür zu öffnen.
Garbrand de Witt war allein. Er sah sich in der Stube um. Alles erschien ihm fremd und nie gekannt. Sein Blick heftete sich auf die Süderwand. Dort hing ein holländischer Kupferstich. Walfischfahrer im Eisgang darstellend. Er erhob sich und betrachtete das Bild genauer. Sieh... das eine der Schiffe war schon halb gekentert; riesige Eisschollen bedeckten es schwer und pressend... Unverwandt starrte de Witt auf das Bild, und plötzlich fühlte er, wie eine eiskalte Hand sein Herz umkrallte! Da wußte er gewiß: der Geist der Einöde des hohen Nordens, der ihn damals auf dem Eisfeld gepackt hatte, langte auch hier nach ihm, auch hier! Und niemals würde das Gespenst ihn wieder loslassen. Er stöhnte und knirschte mit den Zähnen.
Da erklang im Hinterhaus eine helle warme Mädchenstimme. Milcheimer klapperten. Des Alten brüchige Stimme meckerte dazwischen; er sprach mit den Kühen wie mit Menschen.
Garbrand de Witt, vor wenigen Wochen noch ein mit Entschlußkraft geladener, zielbewußter Mann, schlich sich wie ein Dieb aus dem Hause, das sein Liebstes auf dieser Welt barg.

Anderntags hat er die Insel verlassen. »Heuer nach Ostindien«, sagten die Leute. »Verrückter Gedanke eines Grönlandfahrers.«
Man hat nie wieder von ihm gehört.

Der Harpunier

Kein Mann an Bord des Walfischfahrers ›De Oliemolen‹, der gegen Ende August des Jahres 1660 ein Etmal Segelstunden von der Magdalenenbai entfernt, dem Sammelplatz des Konvois oder Begleitschutzes, an einem großen Eisfeld vor der Nordwestküste Spitzbergens lag, hatte jemals an der Tüchtigkeit des Harpuniers Jakob Dieukes gezweifelt. Kein Mann und keiner von den anderen Harpunieren, sogar der hochdeutsche Schiffsbarbier nicht, vom Steuermann und vom Kommandeur ganz zu schweigen. Jakob Dieukes oder Jakob van Borkum, wie er sich nach seiner ostfriesischen Heimatinsel nicht ungern nennen hörte, fuhr, wie viele Friesen, seit Jahren für Rechnung holländischer Reeder auf den Walfang. Er tat seine Arbeit wie sie alle an Bord. Es war nichts Besonderes an ihm. Oder ist es etwa auffallend, wenn einer lang aufgeschossen, breit in den Schultern und schmal in den Hüften ist und noch dazu scharfe graue Augen und gelbgeringeltes Haar hat und kleine goldene Ohrringe trägt? Nein, das ist nichts Besonderes. So wie Jakob Dieukes waren manche andere auch. Übrigens, wie er so dasaß in der Kajüte, in Transtiefeln, doppeltem Wolltroyer und dreifachen Hosen, mit dem Schnitzmesser in der Hand und dem halbfertigen Mangelbrett auf den Knien, sah er ebenso plump und ungeschlacht aus wie sie alle. Was Besonderes? Nein.

Und doch hatte der Kommandeur Jan Corneliusz Ouwe Kees heute morgen noch nach dem Abmachen des letzten Wals, den sie auf dieser Reise gefangen, zum Steuermann Ysbrandt Barentsz geäußert: »Der Jakob hält auf sich, Steuermann; er ist stolzer auf seinen Beruf als irgendeiner von den anderen Harpunieren. Das könnt Ihr mir glauben, Steuermann.«

Es war spät im Jahr. Mitte August geht die Fangzeit zu Ende. Man muß sich dann davonmachen mit dem Schiff, will man nicht vom arktischen Winter überrascht und vom Eise eingeschlossen werden. Was die ›Oliemolen‹ betraf, sie hätte getrost den Kurs auf Magdalenenbai stellen können, trug sie doch Speck und Barten von sieben fetten Westeiswalen gut und sicher in Fässern verstaut und unter dem Vorderdeck festgezurrt; und hinauf nach Smeerenburg, der Transtadt auf der Amsterdam-Insel, die vor der Nordwestecke Spitzbergens gelegen ist, brauchte sie nicht, die Ladung sollte in heimischen Siedereien verarbeitet werden. Indessen, wenn noch ein Wal in der Nähe bläst — wer wollte zurückbleiben, wenn es heißen würde, in die Boote fallen? Man fuhr auf Nahrung, nicht wahr? Jedermann hatte seine Belange an einem reichen Fang, der Kommandeur so gut wie der jüngste Kajütswächter.

Die ›Oliemolen‹ lag in einer Bucht, die das Meer in das große Eisfeld gefressen hatte. Ja, ihr Kommandeur Jan Corneliusz Ouwe Kees kannte den Kram! Sind es doch gerade diese Buchten, die der Westeisfisch als Tummelplatz liebt. Der Westeiswal ist übrigens als schlau und verschlagen bekannt, ganz im Gegensatz zu seinem Artgenossen, der sich im Südeis aufhält.

Außer Jakob Dieukes saßen Jan Corneliusz und sein Steuermann Barentsz in der Kajüte. Diese beiden beugten sich am Tisch über das Journal; es gab ein paar Punkte zu beraten, über die sich der Steuermann, als Journalführer, nicht klar war. Jakob saß mit seiner Schnitzarbeit in der Nähe der Luke, er grub mit scharfem Messer ein A aus dem harten Eichenholz. Das war der Anfangsbuchstabe des Namens seiner jungen Frau Anneke. Ihr wollte er das Schnitzwerk mitbringen. Während die beiden Offiziere sich besprachen, sann Jakob wohlgemut darüber nach, wie schön es sein würde, im Herbst und Winter daheim im stillen Inseldorf mit Anneke zusammen zu leben. Die Pelzkappe in den Nacken geschoben, saß er blond und versonnen da, und es war ihm, als ginge er schon mit Anneke über die halligweite Fläche der von Tausenden lilafarbener Strandnelken übernickten Außenweide, um die Schafe, die sich mal wieder verlaufen hatten, zu holen.

»Ihr wißt jetzt Bescheid, Steuermann«, sagte der Kommandeur. »Und noch eins: Wir segeln morgen mit der Ebbe aus der Bucht und nehmen Kurs auf Magdalenenbai. Ich glaube, es wird Zeit. Das Wetter hält sich wohl noch; aber es wäre doch des Teufels, wenn uns die Eispressung auf den Kopf käme.«

Ysbrandt Barentsz kam nicht dazu, den empfangenen Befehl zu bestätigen. An Deck erklang Getrappel; Rufe wurden laut. Sie lauschten. Jakob Dieukes legte das Mangelbrett beiseite, klappte sein Messer zu und stopfte es in die Tasche. Und jetzt gellte durch das ganze Schiff der eiserne Schlachtruf der Wache:

»Fall! Fall! — Dort bläst er!«

Mit einer Schnelligkeit, die niemand den schwerfälligen Männern zugetraut hätte und die von langer Übung zeugte, sind die Bootsbesatzungen in den vier, fünf Schaluppen, die teils längsseits des Schiffes, teils in der Nähe am Eisfeld vertäut liegen — jeder an seinem Platz. Und der Kommandant selbst, der vorhin noch Befehl zum

Absegeln gegeben hat, ist nach kurzer Zeit mit seiner Schaluppe als erster Harpunier am Wal.
Der Wal, ein großer schwarzer Bursche, nimmt geruhig seinen Weg durch die spiegelblanke, ziemlich treibeisfreie Bucht. Das ist verdächtig und entspricht nicht den Gewohnheiten dieser nun schon ein Menschenalter hindurch verfolgten und scheu gewordenen Riesentiere. Sollte es ein Kämpfer sein?
Die Schaluppe des Kommandeurs befindet sich jetzt seitlich achter dem Leviathan, so, daß er sie nicht sehen kann. »Roj' up! Roj' up!« flüstert Jan Corneliusz, ergreift die Harpune und mißt die Entfernung. Dabei betrachtet er den Riesen sachkundig, schätzt ihn ab nach Speck und Barten. »Du fehlst uns noch gerade. Warte!« brummt er, gibt dem Steuerer ein Zeichen und schleudert die Harpune oberhalb des Schwanzansatzes in den blinkenden Speckberg hinein.
»Streich! Streich!« schreit er, und rückwärts streichen alle sechs Riemen bis zum Biegen und Brechen. Denn der harpunierte Wal brandet mit allen Flossen, die Schaluppe schaukelt wie ein Kork im Schaum. Dann geht das erschreckte Tier in die Tiefe, ein paar Sekunden steht das ungeheure Blatt seiner Schwanzflosse wie ein schwarzes Banner in der Luft, die Leine surrt über den Steven, und die Schaluppe, mit jetzt ruhenden Riemen, schießt vorwärts.
Inzwischen ruderten die übrigen Schaluppen, weit auseinander, im Halbkreis draußen in die Bucht hinaus, bereit, den Wal, sobald er wieder heraufkommt, ihrerseits zu harpunieren; doppelt hält besser.
Da liegen sie mit halb eingezogenen Riemen lautlos auf der Lauer. Seht, Jakob Dieukes steht schon breitbeinig auf der Ducht, das scharfe Eisen in der Faust.

Der Westeiswal ist ein schlauer Bursche, wie gesagt. Er hört und sieht alles, was in seiner Nähe vorgeht, besonders wenn er verfolgt wird oder gar harpuniert worden ist. Es ist dann nicht leicht, ihn zu täuschen.
So auch dieses Tier. Es sucht nach größeren Flaren oder nach dichtem Treibeisgewimmel, Schutz sucht es vor diesen Wesen, die ihm die verdammte Stecknadel in den Rücken schleuderten. Es tut nicht sonderlich weh, aber es macht ängstlich; und der Druck dieser langen dünnen ›Alge‹, die an der Stecknadel festsitzt, wird schwer und schwerer, je mehr man sich bemüht, zu fliehen, fliehen! Ah, man muß früher an die Oberfläche, um Atem zu holen. Und jetzt erwacht die Verschlagenheit in dem Riesen. Eine Art gutmütiger Verschlagenheit. Nicht halb so bösartig wie die seines gefürchteten Bruders, des Pottwals, der, in Wut gebracht, selbst große Schiffe angreift und zerschmettert. So kriegerisch ist der Westeiswal nicht. Aber es gibt Ausnahmen... Wo sind die Schaluppen? Er sieht ihre Schatten da oben gleiten, als er in seinem Davonstürmen nachläßt und sich, trotz oder wegen der hemmenden Leine und der brennenden Stecknadel in seinem Rücken, nach allen Seiten umsieht. Er sieht sie alle, der Wal. Und — erwacht die ererbte Verschlagenheit zu doppelter Tücke, packt ihn die Wut, ist es ein unglücklicher Zufall? — schräg über ihm hält der dunkle Schatten einer Schaluppe — und er stürmt durch die klaren Wassermauern darauf los...
Es ist die Schaluppe, in der, vorn auf der Ducht, der Harpunier Jakob Dieukes in Kampfbereitschaft steht. Schärfer spitzt Jakob die Ohren. Der Wal kommt herauf. Ein unterseeisches Grollen in großen Tiefen kündigt ihn an. Aber wo kommt er, wo, verdammt! Achtern, seitlich, voraus? Jakob wird unruhig. Das ist ein Kämpfer! denkt

er blitzschnell und will dem Steuerer ein Zeichen geben. Im selben Augenblick ertönt ein dumpfer Krach, die Schaluppe wird von einem mit ungeheurer Gewalt aus dem Meere aufsteigenden Turm in die Luft und beiseite geschleudert, während der herausgeprellte Jakob Dieukes, dem sich bei dem Luftsprung die Harpunenleine zweifach um die Beine schlingt, mit der Harpune in der Faust auf den Speckturm niederstürzt und auf solche Weise einen Wal aus größerer Nähe festmacht, als ihm jemals lieb gewesen ist. Festmacht? Nein, denn glücklicherweise ist es nur der dünne Vorgänger, der sich ihm um die Beine geschlungen hat; die daran gesteckte schwere Walleine ist gottlob abgerissen. Da liegt er, Jakob Dieukes, hängend mehr als liegend, zwischen Rücken und Schwanz, hinten auf dem Wal; am Schaft seiner im Speck quietschenden Waffe hält er sich, seltsamer Kunstreiter der Arktis, wie an einem Zaumzeug krampfhaft fest.
Mit einem Schlage ist die vorher totenstille Bucht von Lärm und Geschrei erfüllt. Die Nachbarschaluppen rudern wie toll heran, um die prustenden Schwimmer und die sich an die Trümmer des zerschlagenen Bootes klammernden Leute aus dem eisigen Wasser aufzulesen. Alle werden geborgen und schleunigst an Bord geschafft. Und der Wal? Ja, der schwimmt mit seiner alten und neuen Last davon. Er ist nicht gerade benommen im Kopf von dem Zusammenprall mit dem Holzschuh, den er da soeben in die Luft geschleudert hat, aber er ist bestürzt. Ach, trotz seiner Riesenkräfte ist er kein Kämpfer. Ein gutmütiger Wanderer des Meeres ist er, dem man seine Ruhe lassen sollte! Es war wohl mehr ein unglücklicher Zufall, daß er mit der Schaluppe Fangball spielte! Er hat Angst, der Riese. Weiter nichts. Ist das nun wieder eine neue Stecknadel da in seinem Rücken? Und was für

eine merkwürdige Laus krabbelt denn da auf ihm herum? Jetzt ist es genug! Entschlossen stürmt er, Schaum vor Kinnladen und Barten, auf den nächsten Eisrand los.
In seinem Kielwasser schleppt der Wal die Schaluppe des Kommandeurs. Jan Corneliusz steht jetzt am Steuerriemen. Vorn steht ein Mann mit dem Beil in der Hand.
»Klar bei den Riemen! Kappen da vorn! Rudert an!« befiehlt der Kommandeur. Und jetzt gerät Jan Corneliusz Ouwe Kees, der ruhige bedachtsame Mann, in Eifer und Wut. Mit einem seltsamen Gemisch aus gütigem Zureden und feuerspeienden Flüchen spornt er seine Leute an. Und seine Leute verstehen ihn, es ist Musik für ihre Ohren, was er ihnen da ins Gesicht schleudert. Wie ein rhythmischer Begleittakt zum Knarren der Dollen und zum Rauschen der sich wie Flitzbogen biegenden Riemenblätter ist es.
»Rudert an! Rudert an!« ruft Jan Corneliusz. »Los, Jungens, rudert an! sag' ich. Es gibt eine doppelte Ration Branntwein nachher! Der arme Jakob! Rudert an, zum Satan!... Rudert doch, Söhnchen! Wollt ihr euch wohl in die Riemen legen, ihr Fauljacken!... So, so!... Fein so, Jungens! Wir kommen näher... Rudert doch, ihr Schlappschwänze! Nennt ihr das Rudern, ihr Teufelsbraten? Rudert an! sag' ich, rudert an!«
Es ist unmöglich, einen davonstürmenden Wal mit der Schaluppe, und wenn sie noch so schnell gerudert wird, einzuholen. Das ist dem Kommandeur klar wie seinen Leuten. Immerhin sind sie auf Rufweite herangekommen. Und jetzt schreit der Kommandeur durch die zur Muschel geformte klobig behandschuhte Hand:
»Jakob! Jakob, schneid' die Leine entzwei!«
Einen Augenblick lauschen alle gespannt. Das rasche Rudertempo stockt.

Keine Antwort.
Da fährt in die angstvolle Spannung Jan Corneliusz' harte Kommandostimme:
»Rudert an, verdome! Rudert an! ...«
Doch! Jakob Dieukes, der Mazeppa des Meeres, hat verstanden. Aber der Kommandeur hat gut raten. Auf diesen Einfall ist Jakob in seiner Not selbst schon gekommen. Wieder und wieder hat er sich bemüht, das Messer zu ziehen. Aber es sitzt verquer in der Tasche, er kriegt es nicht heraus. Und die verdammten Leinenschlingen ziehen sich fester und fester um seine Beine. Nein, sein Messer nützt ihm nichts. Es gibt nur eine Möglichkeit: er muß die Harpune, seine Harpune, herausreißen! Dann ist er frei!
Sie steckt nicht sehr tief, die Harpune; der eine der beiden Widerhaken hat nicht einmal ordentlich gefaßt. Aber er kann keine Kraft setzen, kann sich nicht abstemmen, so hilflos wie er ist mit seinen eingeschnürten Beinen.
Er ruckt und reißt und zieht sich an dem Eisen höher auf den Rücken des Wals hinauf. »Gott sei Dank, daß ich wenigstens meine gesunden Arme frei habe!« knirscht er. Und dies ist sein einziges Gebet.
Nach übermenschlicher Anstrengung gelingt es ihm, sich in den Knien aufzurichten. Halb blind ist er von den salzigen Spritzern, die ihn bei der brausenden Fahrt des fliehenden Wals umfegen; aber jetzt liegt er doch nicht mehr mit dem halben Leibe im Wasser. Die See schäumt, und der Luftzug umwettert den Walreiter wie ein Orkan. Oh, und dort ist der Eisrand! Jakob sieht ihn: es ist die Tür zu seinem nassen kalten Grab. Und dieser grausige Anblick verzehnfacht seine Kräfte, während er sich mit den Knien abstemmt und wie wild an der Harpune reißt

und zerrt. Ha, mit den Zähnen möchte er sie herausgraben, wenn er könnte! Eine blutunterlaufene Wut auf das angstgejagte Tier erfaßt ihn. Und – bums! poltert der unfreiwillige Reitersmann aus dem glitschigen unbequemen Sattel, pult sich jappend und prustend aus den gelockerten Seilschlingen und entfernt sich mit raschen Schwimmstößen aus dem Sog des Wals, der, sein schwarzes Bannerzeichen dreißig Fuß hoch in der Luft schwenkend, vor dem Eisrand untertaucht.

Puh! Das Wasser ist kalt, und Stiefel und Kleider sind schwer. Lange wird er es nicht aushalten... Wo ist die Schaluppe des Kommandeurs?

Halt aus, Jakob Dieukes! Jan Corneliusz ist gleich da. Sieh, wie sie vor Schweiß dampfen, die braven Kerle!

Jakob hört den Kommandeur wettern und die Leute anfeuern: »Rudert an! sag ich. Rudert an, ihr Borkumer Kaninchenfresser! Wollt ihr euren eigenen Landsmann versaufen lassen, frag ich euch? Herein in die Riemen, Jungens! Gebt's ihm! Gut so, gut so... Halt aus Jakob! Wir kommen, Mann! ... Legt euch in die Riemen, Söhnchen, ich bitte euch beim Geiste eurer Urgroßmütter! So, so... Gut so, meine Jungen... Stop! – Streichen! Streichen, zum Satan! Wollt ihr wohl streichen, ihr Kuhfladenverbrenner! Gut, gut... Pull an, Steuerbord! Streich, Backbord!«

So wettert Jan Corneliusz. Indessen hat er schon während der letzten Worte nach dem Bootshaken gelangt und hält ihn nun dem nahezu ermatteten und halb erstarrten Harpunier entgegen. »Das ist mit Gottes Hilfe noch gut gegangen, Mann«, sagt er dabei, und seine Stimme klingt merkwürdig verändert, seltsam ernst und weich. Dann zerren sie Jakob Dieukes in die Schaluppe.

Und Jakob? Oho, er sinkt beileibe nicht wie ein nasser Sack in sich zusammen, als er glücklich gerettet ist! Weit gefehlt. Sein Zorn und Verdruß über den unglückseligen Wal sind trotz der ausgestandenen Angst und trotz der kalten Schwimmpartie nicht im geringsten abgekühlt.
»Der Wal und die Leinen sind weg, Kommandeur!« sagt er, schnatternd vor Kälte und knirschend vor Wut und löst, um sich Bewegung zu verschaffen und wieder warm zu werden, einen Mann am Riemen ab, indessen die Schaluppe in voller Fahrt auf die ›Oliemolen‹ zuschießt.
»Ist nicht zu ändern, Jakob«, erwidert Jan Corneliusz Ouwe Kees. »Nicht deine Schuld, Harpunier. Konntest nicht wissen, Mann, daß es ein Kämpfer oder besser gesagt ein Tölpel von Wal war, den du dir da als Reittier aussuchtest.«
»Ich will ihn haben, Kommandeur! Heute noch! Bin ihm zu nahe und zu lange an der Haut gewesen. Scheint mir eine kleine Ewigkeit gedauert zu haben. Sobald ich trocknes Zeug am Leibe, einen Schluck Branntwein und einen Schlag Essen im Magen habe, gehe ich wieder auf ihn los. Erlaubt es mir, Kommandeur! Er kommt bald wieder heraus unter dem großen Eisfeld. Wohin kann er sonst als in die Bucht! Er kommt, und ich will ihn festmachen. So sicher wie ich hier wie ein nasser Affe, der auf einem dreimal verfluchten Wasserkamel geritten hat, vor Euch sitze, will ich ihn festmachen. Sagt ja, Kommandeur!«
In Pausen und Stößen und gleichzeitig wie toll rudernd, bringt Jakob Dieukes dies vor. Und jetzt spuckt er kräftig aus; er hat doch allerlei Salzwasser geschluckt.
Jan Corneliusz lacht, daß ihm der Hauch seines Atems, wie Wasserdampf der Kesseltüte, in Stößen aus dem Munde fährt. Die Leute an den Riemen grinsen breit.

»Warum bist du so auf ihn versessen, Mann?« sagt er. »Ich meine, solltest froh sein, daß du von ihm los bist.«

»Kommandeur! Er hat mich zum Gespött gemacht, der verdammte Wal, und dafür muß er sterben! Seht, es soll nicht von mir heißen: da geht Jakob Dieukes, der Walfischreiter; dieser Esel von Mann geht bei und reitet auf einem Wal, anstatt ihn zu harpunieren! — Das will ich nicht, Kommandeur, und Ihr begreift wohl auch, daß ich das nicht kann. Es geht meiner Ehre zu nahe, Kommandeur!«

Sie legen gerade am Fallreep der ›Oliemolen‹ an, als Jan Corneliusz erwidert: »Gut, Jakob Dieukes. Du sollst deinen Willen haben, Mann.« —

Und bei Jonas! der Harpunier Jakob Dieukes von Borkum bekam den Wal. Zwei Stunden später machte er ihn fest.

Olfert Ruigs

Eine Alt-Borkumer Geschichte

»Ja, Junge, nun haben sie die Südeisgrenze bald erreicht«, sagte der alte Olfert Ruigs zu seinem jungen Besucher aus dem Kommandeurhause, das seinem Häuschen gegenüber lag. Der Alte lehnte sich in seinen Stuhl, der neben dem offenen Herdfeuer stand, zurück. Aus den eingesunkenen Mundwinkeln lief ihm, winzigen braunen Prielen vergleichbar, Tabaksaft in den grauen Bart. Ja, er war alt und verspaakt, der ehemalige Harpunier; nur in seinen wasserhellen blauen Augen konnte es zuweilen noch aufzucken wie ein Eisblink bei Spitzbergen.

Der neunjährige Junge, Gerrit Hiddes Geelts, jüngster Sohn des Walfängerkommandeurs Hidde Geelts, ging zunächst nicht auf die Bemerkung des Alten ein. Er stand am Fenster und schaute verwundert einem Star zu, der da draußen vor seinem Elternhause, auf der anderen Seite des Sandwegs, sang. Der Vogel saß auf einem der beiden vom Wetter gebleichten Walroßschädel, die das Tor vor dem Eingang zum Hause schmückten; das Tor selbst bestand aus zwei zehn Fuß hohen Walfischkinnladen, die sich mit ihren oberen gebogenen Teilen überschnitten und deren Spitzen von den mächtigen Tierschädeln gekrönt waren. Daß der Vogel ausgerechnet auf dem Walroßschädel stand und seine kleine Strophe pfiff, das war es nicht, was den Jungen wunderte, nein, ebensogut hätte sich der Star ja auf eine der dicht nebeneinander in den Sand gerammten Walfischrippen, aus denen die Einzäunung des Gartens und Rasenvierecks bestand, nie-

derlassen können. Es war der Vogel selbst, der seine Blicke anzog; die Tierknochen aus dem Eismeer hatte Gerrit immer gekannt. Nein, wie der Star den Hals reckte und in den blauen Frühlingstag hineinpfiff! Aus seinem Gefieder schien es im Sonnenschein wie blaugrüne Funken zu spritzen. Sieh — da flog er davon...
Der Junge sprang auf den Alten zu. Oh, mit halbem Ohr hatte er doch gehört, was Olfert da von der Südeisgrenze gesagt hatte, und jetzt, das wußte Gerrit, würde er ihm vom Walfang erzählen. Keine aufregenden Abenteuergeschichten zwar, so schön sie sich auch anhören lassen, sondern harte Tatsachen und fachmännische Winke aus jahrzehntelanger Erfahrung heraus. Dinge, die ein Junge, der selbst in ein paar Jahren als Kajütenwächter für die erste Reise anmustern wird und später Kommandeur werden will, gebrauchen kann. Denn seht, so wurden die Jungen in der zweiten Hälfte des achtzehnten Jahrhunderts, der Blütezeit des Walfangs, auf Borkum und auf manchen anderen friesischen Inseln, die den besten und führenden Teil der Besatzungen der Walfischfahrer bildeten, für ihren Beruf vorbereitet: Die alten verbrauchten Walfänger mit dem Gichtteufel in den Knochen, mit erfrorenen Gliedmaßen und wettergegerbten Gesichtern, zerfurcht und verschrumpelt wie ein alter Seestiefel, sie, die daheim bleiben mußten bei den Frauen und Kindern, während das gesunde Mannsvolk dort oben im ewigen Eise seinem harten Gewerbe nachging, erzählten den Jungens vom Walfang und was dazu gehörte, und sie hatten aufmerksamere Zuhörer als der Lehrer in der Inseldorfschule.
»Die Südeisgrenze haben sie erreicht, meinst du, Olfert«, sagte der Junge. »Da treffen sie wohl bald auf den Südeisfisch. Du hast mir schon mal ein wenig vom Westeiswal erzählt, worin unterscheiden sich diese beiden Arten?«

Der Alte war in seinem Hörnstuhl halb eingedusselt. Nach Art alter Leute schlief er oft am hellen Tag für ein Weilchen ein, und Olfert Ruigs war sehr alt, er ging auf die Neunzig zu, aber genau wußte er sein Alter nicht. Die helle Knabenstimme rief ihn ins Dasein zurück, er erwischte auch noch den Sinn der Frage des Jungen und erstaunlich rasch, als ob er darauf gewartet hätte, ging er auf seine Worte ein.

»Westeisfisch und Südeisfisch — worin die sich unterscheiden? Ja, mein Junge, das will ich dir sagen, und du mußt es dir merken. Der Unterschied besteht darin, daß der Westeiswal schlau und verschlagen ist, der Südeiswal dagegen einfältig und harmlos. Trifft man also den Westeiswal, da gilt es vorsichtig zu sein. Man muß darauf achten, wo man ihn zu Beginn der Fangzeit und wo man ihn später zu suchen hat. Hat man ihn gefunden, kommt es darauf an, ihn nicht wieder zu vertreiben. Nur mit List und Gegenschlägen nähert man sich ihm, damit er nicht entweicht. Denn so ist das, Junge, will man ihm an den Speck, so trachtet er danach, ins Eis zu entkommen.

Es gibt Löcher im Eisfeld, groß genug, daß der Wal da atmen kann. Man stellt Wachen an diese Löcher. Entweicht er nun nach der Mitte des Eisfeldes und ist das Loch, das er zum Atemholen aufsucht, nur klein, so drängt er sich möglichst mit dem Leibe hinweg und schließt die Nase zu, an der er zwar verwundet, aber nicht getötet werden kann. Wenn er nun ein wenig ausgeruht hat und nicht unerfahren ist in dem, was ihm von den Schaluppen begegnen kann, dann nimmt er die Flucht querab von den Schaluppen, und wenn man ihn dann auch harpuniert hat, zu halten ist er nicht, entweder geht die Leine in Stücke oder die Harpune reißt aus.«

Der alte Harpunier machte eine Pause und warf die

Arme auseinander, als wäre er selber es gewesen, der die Walleine zerrissen hatte. In seinen übersichtigen, seewindgeputzten Augen war ein letzter schwacher Schimmer unwiederbringlicher Jugend und verlorener Manneskraft erwacht. Andächtiger als in der Schule hatte der Knabe zugehört. Was verschlug es, daß er nicht alles begriff, weil Olfert manchmal die Dinge durcheinander würfelte. Das kannte er, der Neunjährige, schon an dem Alten. Nein, herrlich war es, ihm zuzuhören. Und was Gerrit in seinem jungenhaften Vorstellungsvermögen hinter den nüchternen Worten des alten Harpuniers sah, war noch herrlicher, aber das behielt er für sich.

»So ist das, Jung«, fuhr Olfert Ruigs fort und warf gleichzeitig eine schön getrocknete Flade Kuhdung auf das von Strandholz genährte Feuer, »ist ein schlauer Bursche, der Westeiswal. Man sagt, es gibt kein schlaueres Zeug als Menschen. Ach, ich weiß, was ich sage: dieser Wal ist schlauer! Findest du, zum Beispiel, einen an einem ebenen und flachen Eisfeld, er entwischt dir, sage ich, sobald du ihm näherrückst, und meistens siehst du ihn nie wieder. Hält er sich, während du ihm zu Leibe willst, an einer Bank auf, um zu äsen, so flieht er nach den nächstgelegenen größeren Eisschollen, unter denen er gemächlich hindurch kann, oder entweicht in das kleine Eis, und wenn dies zu offen ist, so daß man ihn verfolgen könnte, dann sucht er die dichteste Stelle aus, wohin keine Schaluppe rudern kann. Er kann nämlich unter Wasser sehen und alle unsere Bewegungen verfolgen. Solch ein Bursche ist das, du! Ja, und selbst in freier, offener See ist ihm nicht so leicht beizukommen. Man muß viel List gebrauchen, kannst du mir glauben.

Laß, zum Beispiel, die anderen Riemen ruhen, bedien' dich des Steuerriemens zum Wricken und suche ihn auf diese Weise zu ertappen. Was geschieht? Er liegt da und lauert, woher das Geräusch des Wrickriemens kommt, dieser durchtriebene Bruder! Er weiß, wohin er sein Auge zu wenden hat, um uns zu entgehen. Guter Gott, wir haben mit allen fünf Schaluppen, weit auseinanderliegend, mitunter einen Kreis um einen Westeiswal gebildet; er sah alles, grinste sich wohl eins; und als wir langsam den Kreis enger schlossen, bereit, ihn, wenn er nach oben käme, zu harpunieren, da tauchte er in sicherer Entfernung von uns auf und sein Blasen klang wie Hohngebrüll.

Der Kommandeur Ode Jansz Visser, deines Vaters Onkel, Jung, und ich, sein Harpunier, haben einmal eine nach unserer Meinung treffliche List in solchem Fall gebraucht. Wir nahmen zwei weißgestrichene Schaluppen, Steuerer und Harpunier trugen Röcke aus weißem Segeltuch; die Riemen eingeholt, glitten die Boote, achtern nur unmerklich von dem umwickelten Wrickriemen des Steuerers vorwärts getrieben, lautlos auf den lauernden Wal zu — ganz, als ob es Eisschollen wären. Aber alle Mühe war umsonst: er ließ sich nicht betrügen. Und darum, Jung, sucht man ihn am besten in den großen tiefen Buchten auf, die die See in die Eisfelder gefressen hat. Ja, Gerrit, der Westeisfisch ist der schlauste, den ich je getroffen habe.«

Der Alte erhob sich und sah sich suchend in der dämmrigen Stube um. Es war still im Hause; nur vom Stall her klang zuweilen ein Geräusch, und jetzt muhte die Fahlbunte.

»Bald Melkzeit, Jung. Jentje kommt spät heute«, sagte der Alte.

Aber der Junge wollte noch mehr hören; so gut wie heute war Olfert seit langer Zeit nicht im Zug gewesen.

Darum sagte er: »Hat noch Zeit mit dem Melken, Olfert-Ohm, und Jentje-Möh verspätet sich nicht so leicht. Erzähl weiter. Was machen die Wale, wenn die Schiffe heimgefahren sind?«
Gehorsam setzte der Alte sich wieder. »Bist ein Quälgeist, Jung«, sagt er. »Bist wie dein Vater. Mußte auch alles wissen. Piesackte einen so lange, bis man ausgequetscht war wie ein China-Apfel. Aber gut. Schadet nichts, diese Wißbegierde. Kann dir manches Stück Lehrgeld ersparen.
Was das betrifft, ob sich die Wale nach dem Ende der Fangzeit aus dem Eise herauswagen — denn das meinst du wohl mit deiner Frage, Jung —, so weiß man darüber natürlich nichts Bestimmtes. Nach meiner Erfahrung kommt weder der Spitzbergener Wal noch der von Alt-Grönland aus dem Eise heraus. Sie werden jetzt schon viele Menschenalter lang verfolgt, und dieser Schrecken sitzt den Tieren tief im Blut, verstehst du. Ein Schiff mag noch so früh an den Fangplatz kommen, stets findet es Wale unter den hohen Graden vor. Bisweilen sogar unmittelbar vor der Küste; hier aber nur, wenn Eistrümmer vor dem Land treiben. Und wenn man noch so spät die Heimreise antritt: die Wale sind da, sie kommen nicht weiter an oder vor das Land, als sich das Eis der See oder dem Lande nähert. Mehr als einmal habe ich dies beobachtet, mein Junge. Ich will dir das aus einem eigenen Erlebnis noch näher erklären. Hör zu!«
Olfert räusperte sich, krächzend wie eine alte Möve. Plötzlich brüllte die Fahlbunte; sie wurde ungeduldig.
»Warte«, sagte der Alte. »Jentje kommt immer noch nicht. Komm in den Stall. Ich will die Fahlbunte melken; morgen soll sie übrigens auf die Außenweide; vielleicht weiß sie das und ist deshalb ungeduldig. Tiere, Gerrit, —

merke dir auch dies — wissen mehr als mancher Mensch, das kannst du mir glauben. Komm also. Erzählen kann man auch, wenn man etwas tut, und die Kuh soll nicht darunter leiden.«

Sie gingen in den Kuhstall. Gerrit holte den Eimer und den Melkschemel herbei. Ächzend hockte der Alte nieder, und bald spritzte die Milch mit hellem Laut in den leeren Eimer.

»Weiter, Olfert«, drängte der Junge.

»Ja«, sagte der Alte. »Wo war ich doch stehengeblieben?«

»Ein eigenes Erlebnis wolltest du erzählen.«

»Richtig, Jung. Also das mag Anno 1703 oder 1704 gewesen sein, ich weiß es nicht mehr genau. Als wir mit dem Schiff ›Het witte Schaap‹ vor Nord-Spitzbergen kreuzten, wurden wir, zusammen mit vier anderen Walfischfahrern unter dem sogenannten Zeuwschen Uitkijk, einer Bergspitze, vom Eise besetzt. Wir lagen viele Wochen fest... He, Fahlbunte, stah...« Die Kuh hätte ihm beinahe den Eimer aus der Hand gepfeffert, aber es war nur ein wenig Milch herausgeschwappt. »Wir lagen also viele Wochen fest. Ich glaube es war der 24. August, als wir wieder loskamen. Wir fuhren binnendurch, die Küste entlang, bis unter Smeerenburg. Und dann, es muß am 26. August gewesen sein, ging es von dort durch die Süd-Bay in See. Ach, Junge, wenn du wüßtest, welch ein schönes Gefühl das ist, nach langer angstvoller Besetzung wieder auf dem freien Meer zu sein! Nun, du wirst es noch erfahren... Aber was wollte ich doch sagen! Richtig, beim Zeeuwschen Uitkijk damals — ich bin öfter auf der Bergspitze gewesen, und obwohl es für den Fang schon recht spät im Jahr war, hörten und sahen wir täglich Wale, bisweilen wenige, mitunter eine ganze Herde. Wir sahen sie von der Bergspitze aus in den Öffnungen

und Löchern der Eisfelder an verschiedenen Stellen emporkommen, und es waren immer wieder neue; sie lösten sich getreulich im Blasen und Atemholen ab.
Sie sind immer da, sagte ich. Und nun ›leeg Törn‹, Junge, ich habe heute genug geschwatzt... Was Jentje wohl gesagt hätte, wenn es der Kuh gelungen wäre, mir den Eimer aus der Hand zu schlagen? Hihihi! Da hätten wir uns einpacken können, Söhnchen.«
»Danke, Olfert-Ohm, für das Erzählen«, sagte der Junge ernsthaft.
Der alte Harpunier murmelte zufrieden vor sich hin. Die Milch zischte in den Eimer und warf Blasen. Wie er da so auf dem niedrigen Melkschemel hockte, glich Olfert Ruigs einem vertrockneten Klabautermann bei einer für einen solchen Schiffsgeist allerdings nicht gerade alltäglichen Beschäftigung. Der Junge lehnte an der Stallwand und träumte mit heißen Wangen vom hohen Norden, den jetzt sein Vater und die Brüder mit dem Schiff erreicht hatten. Die Farbe der Milch, die da in den Eimer rann, war die des Schnees auf meilenweiten Eisfeldern. Von Spitzbergen, Neu-Friesland und der Hinlopenstraße träumte Gerrit Hiddes Geelts. Drei, vier Jahre noch, dann würde auch er mit auf den Walfang fahren, und kein Star auf der Welt, und wenn er noch so schön in die Sonne hineinpfiff, sollte ihn auf der Insel festhalten.

Ruf aus dem Norden

Sandjagen in der Luft. Schmale Schlitze sind die Augen. Der Atem verschlägt. Bisweilen muß man sich umdrehen, die Beine in stiebenden Sand stemmen und den Oberkörper rückwärts gegen den Sturm legen, um atmen zu können.

Seit Stunden kämpfe ich mich durch Dünen und Sturm. Schon bin ich nahe am Strand. Aber ich erreiche ihn nicht. Ich muß verschnaufen. Verzweifelt ringe ich nach Luft. Vor mir lockt eine Dünenfalte. Ich werfe mich in ihren Schutz.

Die See ächzt und stöhnt unter der Faust des Sturmes. Und gellend pfeift der Nordwest und kämmt den nackten Dünen rauh das fahle Strandhaferhaar, sausend und unablässig.

Ein großer Seevogel läßt sich über die Insel treiben. Eine Silbermöve! Nein, Skua, die Raubmöve, ist es. Ein seltener sturmverschlagener Gast aus dem Norden. Welche Botschaft bringst du, Raubgierige! Und auf einmal muß ich an Wybe Wyben denken, den alten Grönlandfahrer, der nie nach dieser Insel zurückgekehrt ist.

Seltsam, wie müde und traumhaft einem im Sturmgang zumute werden kann. Man möchte schlafen. Dicht und dichter bedeckt mich der sirrende Flugsand.

»Wybe Wyben…«, flüsterte ich im Halbschlaf.

Ist er neben mir? Wer kann das bei dem Unwetter genau unterscheiden?

Immerhin, möglich ist es schon. Vieles ist möglich in dieser Düneneinsamkeit, die noch trostloser und schwermutsvoller wirkt als sonst, nun, da der Sturm krallend sie zerpflügt.
Er muß neben mir sein.
»Tag, Wyb'-Ohm«, sage ich.
Keine Antwort. Nur ein Laut wie Schwingensausen im Sturm. Skua...?
Da ist er, Wybe Wyben! Verspaakt und faltig ist er wie eine an den Strand geworfene lederne Pütz. Aus rot umränderten, seewindgeputzten Augen plinkert er mich an. Er sagt etwas. Ich kann es nicht verstehen; sehe nur, wie sein Adamsapfel in der weiß umbuschten Kehle hüpft.
Der Sturm heult. Wybe Wyben hockt neben mir in der Dünenfalte. Er ruckst mit dem Adamsapfel; seine Augen sind wie blaue Stecknadelköpfe und umgeben von einem ganzen Gewirr von Fältchen. Jetzt sieht er mich voll an, und nun ist sein Blick von unsagbar traurigem Ausdruck, so, als trüge er an einem schweren Kummer.
»Was willst du, alter Grönlandfahrer? Warum bist du hier?« frage ich und blinzele durch die Lider.
Wybe Wyben lächelt schlau und entblößt die tabakbraunen Zähne. »He«, kräht er, »hast mich gerufen, und so bin ich hier. Und ich will dir eine Geschichte erzählen...«
Es wird merkwürdig still in der Luft. Der Sturm holt Atem. Dumpf donnert draußen die Brandung.
Warum schweigt Wybe Wyben? Was ist das: ich sehe ihn vor meinen Augen zusammenschrumpfen. Die weißen Büschel unter seinem Kinn werden zu bleichen Sandhaferhalmen. Aber ich will die Geschichte hören!
»Die Geschichte, Wyben«, sage ich und mache eine auffordernde Handbewegung.

»Hab dich nicht«, knurrt er und gewinnt vor meinen Augen von neuem Gestalt. »Hab dich nicht, Freundschaft! Ich bin da, und nun will ich beginnen.
Die Hinlopenstraße kennst du, he? Gut. Wir kreuzten eines Tages in dem gefährlichen Engpaß zwischen Neufriesland und dem Nordostland von Spitzbergen. Dort war es, wo sich die Geschichte zutrug. Die Eispressung kam und zerrieb unser Schiff wie einen Zwieback. Zwei Mann nur kamen mit dem nackten Leben davon. Buchstäblich: das nackte Leben und ein paar Planken. Keinen Bissen Nahrung. Der andere war meiner Schwester Sohn. Es hatte ihm die Brust zerquetscht. Er starb nach wenigen Stunden. Fünf lange Tage — denn es gibt in jenen Breiten um die Walfangzeit keine Nacht — ließ ich ihn in seinem Sarg aus Eisblöcken, den ich mit dem Beil, das mir beim Schiffbruch in der Hand geblieben, zurechtgehauen hatte. Fünf qualvolle lange Tage betete ich für seine und meine Seele, wenn ich Zeit dazu fand. Denn ich war heil und wollte leben. Darum zimmerte ich mir aus den Planken ein Schlittenboot. Beides in einem, verstehst du?
Ja ... fünf Tage ... und dann ...« — Wybe Wybens Stimme klingt hohl und eiskalt, als er schwer und zögernd weiterspricht — »... und dann zog ich den steifen Körper des Toten aus seinem harten Eissarg heraus und ... ach, es ist nicht immer warmes Robbenblut zur Hand, verstehst du ...«
Weine ich im Schlaf? Gefriert mir das Mark in den Knochen vor Grauen? Ich weiß es nicht. Ich höre nur den ungeheuren Schmerz aus Wybe Wybens bitterer Selbstanklage, und mein Herz erbebt in dumpfer Qual. Ich wage nicht zu sprechen. Wybe Wyben fährt in seinem furchtbaren Geständnis fort. Seine Stimme klingt befreiter, ruhiger, seltsam gesammelt.

»Ja«, sagt er, »und das hielt mich so lange am Leben, bis Leute vom ›Jongen Tobias‹ mich aufpickten. Frag mich nicht, nach wieviel Zeit das war. Ich weiß es nicht. Nein, ich wurde nicht wahnsinnig. Ich erzählte niemals einem Menschen davon, das kannst du mir glauben. Nie kam ich nach dieser Insel zurück. Den Winter über hielt ich mich hübsch in Hamburg auf oder in Amsterdam; denn ich bin von beiden Plätzen aus gefahren. Jahr um Jahr ging ich wieder ins Eis. Da rief mich etwas ...«

Plötzlich wird Wybe Wyben geheimnisvoll. Fast flüsternd spricht er. Ich habe Mühe, ihn bei dem Gefauch der Sturmstöße zu verstehen.

»Es rief, du. Aus dem Norden kam der Ruf. Ich wußte wohl, was es war; aber ich konnte nicht widerstehen. Die Leute sagten, ich sei wunderlich. Ich ließ sie reden. Und eines Tages, in der Hinlopenstraße, ging ich mit einem harpunierten und entwischten Wal unters Eis — weg von dieser Welt. Ich, ein alter erfahrener Walfänger und Mann am ersten Riemen, hatte mich in die absurrende Leine verwickelt, wie ein tölpelhafter Kajütwächter auf der ersten Reise, haha!«

Für einen Augenblick mischte sich ein bitterer Klang in Wybe Wybens Stimme. Dann wird sie wieder geheimnisvoll, beschwörend.

»He! Was sagte ich? Ich sagte, es rief etwas, nicht wahr? Gut! Die Sluup schoß mit einer Schnelligkeit dahin, daß uns grün vor den Augen wurde. Unausgesetzt feuchtete der Harpunier den rauchenden Dollbord mit dem nassen Dweil. Der Steuerer schrie. Voraus war ein großes Eisfeld. Ich achtete weder auf Steuerer noch Eisfeld. Denn als ich die Leine, die aus der Tubbe über den Steven der Schaluppe rasend schnell ablief, überwachte, vernahm ich den Ruf, verstehst du. Es war *die Stelle,* Mann. Etwas in mir

sagte: ›Ich komme.‹ Ich hob den Fuß, trat in die nächste im Absurren begriffene Schlinge und – ging, folgte dem Ruf. Und ich ging allein. Wahrscheinlich haben sie oben die Leine noch rechtzeitig gekappt und sind nicht unters Eisfeld gerissen worden. Aber ich ging.
Das erzählt sich so einfach. Und es ist ja auch einfach. Alles ist einfach und sieht nur schwerer aus, als es ist. Ja, mein eigen Fleisch und Blut ... Ach, was weißt du von meinem Kummer? Bete für meine ruhelose Seele, Mann. Leb wohl ...!«
Ich erwache von etwas Feuchtem, das kalt und klatschend mein Gesicht streift. Es regnet. Düster ducken sich die grauen Dünen unter der jagenden Bö. Es seufzt die See. Es heult der Nordwest. Ich reibe mir die Augen, erhebe mich und schüttele den Flugsand vom Mantel. Wybe Wyben ist verschwunden.
Etwas läßt mich aufblicken. Skua, die Raubmöwe, seltener Gast aus dem Norden, hockt auf einem nahen Dünenkopf. Kalt äugt sie mich aus nackten, grausamen Lichtern sekundenkurz an. Dann breitet sie die mächtigen Schwingen, hopst zweimal, läßt sich ein kleines Stück in die Luft fallen und kreuzt schräg gegen den Sturm zum nahen Strand.
Skua, die Raubmöwe, und Wybe Wyben, der alte Grönlandfahrer? Stolpernd und grübelnd laß ich mich vom Sturm in das Dorf zurücktreiben. Wybe Wyben und die Raubmöwe ...? Ja, vieles ist möglich in dieser Düneneinsamkeit. Gott gib deiner ruhelosen Seele Frieden, Wyb'-Ohm!
Von der Kaapdüne aus überschaut man das Meer. Ich klimme sie hinan. Der Nordwest reitet die See. Hei, wie am Hohen Riff die Brecher polternd tanzen!
Dicht über ihrem spritzenden Gischt kreuzt ein großer Seevogel nach Norden.

Anmerkungen

Auf dem Hubert-Sand

Berend de Vries stellte der Erstveröffentlichung? (Niedersachsen Jg. 1925, S. 306-312) eine Einführung voran, die bei späteren Ausgaben entfallen ist.
Hier folgt ein kurzer Textauszug:
›Es waren wilde Zeiten (gegen Ende des 17. Jhdts. Anm. d. Hg.), voll Raub und Krieg und Kaperwesen. Die Betonnung war spärlich, und die Leuchtfeuer waren schwach und unzuverlässig ...
Im Herbst, zur Zeit der schweren Stürme, kam es damals mehr als genug vor, daß Schiffe... strandeten. Und hatten die Schiffbrüchigen Glück, konnten sie das nackte Leben in eigenen Schaluppen retten, so war die Bergungsarbeit noch zu tun für die nahen Borkumer oder für die raschen Schiermonnikooger.‹
Die Personennamen sind frei erfunden.

As't U belieft?
Wie bitte?

Heer Bruidegam ...
Herr Bräutigam und Jungfer Braut!
Der Ehestand ist wie ein Boot,
das einmal vor, dann gegen den Wind (segelnd),
die Ströme vor (mit) und entgegen findet.
Mal ist es Ebbe, dann wieder Flut;
heut geht es schlecht und morgen gut.

Het is niet altoos ...
Es ist (heißt) nicht immer: Schlag auf Schlag.
Noch: Süßes Liebchen, kommt zu Bett.

Der Finnwal
In't najaar 1682 ...
Im Herbst 1682 verirrte sich ein Finnwal in die (flachen) Gewässer vor Zeeland.

Worterklärungen

Allgemeine Begriffe

Amber, Ambra wohlriechendes Stoffwechselprodukt des Pottwals (Rohstoff für Parfüm)

anmoden wesen zumuten (ndd.)

aufgloren aufglühen (gloren = glühen, ndd.)

Barßel Ort im Saterland (Ldkr. Cloppenburg)

Barten Hornplatten am Gaumen der Bartenwale

belieft, as 't Ub.? Wie bitte? (ndl.)

benaut bange, beklommen, benommen usw. (ndd.)

Blink weithin sichtbare, glänzende Stelle (im Eis oder Watt; ndd.)

Börkum, Börk'mer Borkum, Borkumer (ndd.)

Brui(d)loft Hochzeit (ndl.)

Bünn(e) hölzerner, mit Löchern versehener Kasten, um gefangene Fische lebend aufzubewahren

Butze Bettschrank, Alkoven

Cantus Gesang, Melodie

Cherub (biblischer) Engel (mit Flügeln und Tierfüßen), himmlischer Wächter (z.B. des Paradieses)

Distichon zweizeiliger Vers

China-Apfel Apfelsine

Davis, Straße D. Davis-Straße, westl. v. Grönland

Dröögde hochgelegene Stelle, Untiefe; Dürre, Trockenheit (ndd.)

dwars quer (ndd.)

Eisblink → *Blink*

Finne (Rücken)flosse

Finnwal auch: Finnfisch, Furchenwal (Balaenoptera physalus), Bartenwalart mit Hautfurchen an der Unterseite des Körpers und hoher Rückenflosse. Länge mehr als 30 m

Flarre Scholle (ndd.)

flensen abspecken

Fuß Längenmaß, deutsch: zw. 25 u. 34 cm; engl. = foot = 30,48 cm

Greetmer Greetsieler

Halbkastenuhr Typ einer friesischen Wanduhr, bis ca. 1850; ndl.: startklock

Harm Liekup Harm ›Geradeauf (hoch)‹ (Ökelname, ndd.)

Heller Deichvorland, Anwachs

Hinlopenstraße Sund bei Spitzbergen

Hohl Höhle, Loch, Vertiefung (ndd.)

Hörnstohl Lehnstuhl (in der Ecke beim Herd, ndd.)

Jonas, Bei J.! Der Prophet Jonas, der drei Tage und drei Nächte im Bauche eines Wales verborgen war, wurde gern in kirchlichen Segensformeln und bei Lebensgefahr angerufen

Kajung Kai

Kalkstummel kurze Kalkpfeife

Kaninchenfresser, Borkumer K. Kaninchen waren auf Borkum sehr zahlreich, ihr Fleisch bereicherte den kargen Speisezettel

kant; kanter vollkommen, ganz; vollkommener, mehr

Klappmütze Robbenart, Cystophora cristata

Klunker Quaste, Troddel

Kuhfladenbrenner Auf Borkum wurde früher getrockneter Kuhdung als Brennstoff verwendet. Daher heißt es in dem bekannten Gangspillreim: Börk'mers melken Kohjen un bruken hör Schiet to Brand.

laat' em rieten laß (ihn) laufen, ›Laß es gewähren‹ (ndd.)

Leviathan eigentl. Chaosdrache (AT, Ps. 104.26), Ungeheuer; man bezeichnete aber auch den Wal, das größte (Säuge)tier der Welt gern als L.

Mazeppa des Meeres Mazeppa = Kosakenhetman (um 1645-1709). Als M. bei einem Liebesabenteuer mit der Frau eines polnischen Edelmannes überrascht wurde, ließ dieser ihn nackt rücklings auf sein eigenes Pferd binden und überließ ihn seinem Schicksal

Möh ›Muhme‹. Diese Bezeichnung wurde älteren Frauen ohne Unterschied des Standes beigegeben (ndd.)

Nordkaper kleine Walart (Baleana glacialis bonnat) bis 18 m lang

Ohm Oheim. Anrede oder Zusatz zum Vornamen für ältere oder angesehene Männer, z.B. Gerd-Ohm, Jan-Ohm; oder wenn der Name Jan Geerdes ist: Jan-Ohm-Geers; entsprechend: Buur-Ohm, Mester-Ohm, Pastor-Ohm (ndd.)

Osterbutvenne Straße am Delft, parallel zur Westerbutvenne

Oxhoft (Ochsenkopf) Volumenmaß für Wein und Spirituosen, ca. 200—235 l

Penlikker ›Federlecker‹, Federfuchser (ndl.)

piel (schnur)gerade (ndd.)

Plate große Sandbank

plunschen plunsken, pluntjen = mit dumpfem Geräusch (Schall) schlagen, stoßen; ein dumpfes Geräusch machen (ndd.)

Pottwal Physeter macrocephalus, größter Zahnwal; auch: Spermwal genannt, engl.: sperm-whale (Männchen bis 18 m, Weibchen bis 8 m lang). Die Stirnhöhlen des ungewöhnlich großen Kopfes sind mit flüssigem oder kristallinem → »Spermöl« (»Spermaceti-Öl«) oder »Walratöl« angefüllt, das beim getöteten Wal erstarrt. Im Pottwal findet sich auch häufig → Amber.

Priel Rinne im Watt, die auch bei Ebbe noch Wasser führt

Prünellen geschälte, entsteinte und getrocknete Pflaumen, meist gepreßt (frz.: prune = Pflaume)

Scheervogel ›Scheervögel‹ (ndd.), Spaßvogel

Schiermonnikoog niederländische Nordseeinsel

Schlafbutze → Butze

Schlafhohl → Hohl

schwojen schaukeln, schlingern, schwanken, sich hin und her bewegen (ndd.)

Seitenfinnen → Finne

Siel (kleine) Deichschleuse

Skagerrakschlacht Seeschlacht vor dem Skagerrak (31.5 u. 1.6.1916) zwischen der deutschen und der britischen Flotte

Skua Stercocarius skua, Raubmövenart, (Brutvogel auf Island, Faröer usw., bei uns nur Durchzügler)

Spermöl auch: Spermacetiöl, flüssiger Anteil des in der Gehirnhöhle des Pottwals enthaltenen Fetts aus dem das Walrat abgeschieden ist. S. wird u.a. als Grundstoff für Erzeugnisse der Kosmetikindustrie (Salben) verwendet.

Spermwal → Pottwal

Spricke dünner, hagerer Mensch, (eigentl.: dürres Zweiglein) (ndd.)

Tide Steigen und Fallen des Wassers im Ablauf der Gezeiten (Ebbe und Flut)

Timmel Ort im Kreis Aurich, Ostfriesl. Die dort 1846 gegründete Navigationsschule wurde nach dem Ersten Weltkrieg aufgelöst

Transtiefel auch: Schmierstiefel, Stiefel aus Tranjuchten (gegerbtem, wasserdichten Leder) das nicht gewichst, sondern mit Fett geschmiert wird

Tubbe hölzernes Gefäß, Kübel (ndd.)

umherschwalken schwalken = swalken = müßig und ziellos umhertreiben, schweifen, schwärmen (ndd.)

verbaast bestürzt, erstaunt, verdutzt usw. (ndd.)

verschimpfieren schänden, verschandeln

verspaakt faltig, rissig, vertrocknet (ndd.)

Westerbutvenne Straße am Ratsdelft in Emden

Wicht Mädchen (ndd.)

Nautische Begriffe

Achterkastell ›Hinterkasteel‹, Schanze, hohes Hinterteil eines Schiffes, Deckbau (Kajüte o.ä.) auf dem Heck

Ankerspill → Spill

anschlagen Segel am Mast (Gaffel, Rah) befestigen und bis zum Gebrauch verschnüren

Außenklüverbaumnock äußerstes Endstück der vordersten, nahezu waagerechten → Spiere für die vorderen Stagsegel (→ Stag)

Back Decksaufbau auf dem Vorschiff, auch Raum unter diesem Aufbau, Kajüte

Bändsel dünnes Tauwerk bis etwa 2 cm Umfang

Bark dreimastiges Segelschiff mit 2 vollgetakelten Masten und einem dritten Mast mit Gaffelsegel

Baum allgemein: längsschiffs verlaufende → Spiere

belegen ein Tau (Trosse) um einen → Poller o.ä. schlingen, festmachen

Besan hinterster Mast; Segel am Besanmast

Besanmast → Besan

beschlagen → anschlagen

Besenbake Pricke, Buschbake (fest in den Wattboden gesteckte, bis zu 8 m lange Birken- oder Eichenbäumchen, zur Markierung der Fahrrinne im Watt)

besetzt vom Eise festgeklemmt im Treibeis

Bestmann Vollmatrose mit mehrjähriger Erfahrung

Blinde früher: kleines → Rahsegel unter dem → Bugspriet; später: die Bobenblinde, über dem Bugspriet

Block Holz- (oder Metall)gehäuse mit eingekerbten Rollen für die Taue

Bramsaling kleine Plattform über dem unteren Teil des Mastes

Brassen die von den Enden der Rahen nach hinten, am Kreuzmast (letzter vollgetakelte Mast auf allen Vollschiffen) nach vorn, laufenden Taue zum Drehen der Rahen

Bucht Schleife, Schlinge (in einem Tau usw.)

Bugspriet starke Spiere am Bug eines Segelfahrzeugs, als Unterlage und Führungsbalken für den → Klüverbaum

Convoyer Kriegsschiff (zum Schutz von Handelsschiffen), Geleitschiff

Dalbe(n) Kurzform von → Duckdalbe(n)

Deckhaus Mannschaftshaus auf dem Schiffsdeck

Dollard oberste starke Planke auf dem Bootsbord, in der die → Dolle angebracht ist

Dolle Riemengabel, → Riemen

Draggen drei bis fünfarmiger kleiner Anker

Drift durch Strömung fortbewegtes Treibgut (engl.: drift)

Ducht Sitzbank in einem offenen Ruder- oder Segelboot

Duckdalbe(n) eingerammte Pfahlgruppe zum Festmachen von Schiffen im Hafen (ndl.: dukdalf) (angeblich nach dem spanischen Duc d'Alba (Herzog v.A.), der sie eingeführt haben soll)

Dweil an einem Besenstiel befestigtes Büschel von Lappen o.ä. zum Deckwaschen

Etmal ursprüngl. Zeitraum von 24 Stunden; dann die von einem Mittagsbesteck bis zum darauffolgenden zurückgelegte Distanz

Faden Längenmaß: 6 Fuß oder 1,8288 m, Spanne zwischen den seitlich ausgestreckten Armen

Fall → Tampen, um die Segel usw. hochzuziehen, z.B. Marsfall

Fall over all! Alle Mann in die Boote!

Fender ›Abwehrer‹, an der Außenwand eines Schiffes befestigtes Polster aus Holz, Tau, Kork o.ä., um beim Anlegen Stöße zu mildern

fieren eine Leine nachgeben, lockern; herunterlassen

Flaggenknopf Knopf auf der Spitze des Großmastes für die Flaggenleine

Flögel Flügel, Windfahne, kleiner Wimpel (an der Spitze eines Mastes als Windrichtungsanzeiger)

Fock im allgemeinen das dem Großmast nächstgelegene → Stagsegel (auf den Rahseglern das große Untersegel des vordersten Fockmastes)

Fockmast vorderer Mast eines mehrmastigen Segelschiffes

Gaffel ›Gabel‹, obere Haltespiere (Stange) eines Gaffelsegels mit einem gabelförmigen Ende am Mast

Gaffeltoppsegel dreieckiges Segel von der gesetzten Gaffel bis zum Topp (Spitze) eines Mastes

Galiot Küstensegelschiff mit einem Großmast und einem kleineren (nicht vollgetakelten) Besanmast, mit breitem Bug, ähnlich der Kuff, jedoch schärfer gebaut

Gat(t) 1. ›Loch‹, Öffnung an Schiffen z.B. Steuergat = Platz zur Bedienung des Ruders 2. schmale Verbindung zwischen zwei Meeresteilen. So heißen z.B. die Engpässe zwischen den Ostfriesischen Inseln (See)gaten.

Gegenschlag → Schlag

gieren ungewolltes, periodisches Abweichen eines Schiffes vom Kurs durch den Seegang

Glas(en) Ein Glas = eine halbe Stunde. Jede Wache wurde in 8 Glasen von je 1/2 Stunde geteilt. Der Ablauf jeder halben Stunde wurde durch die Schiffsglocke (Glasen) (1—8 x) angezeigt

Großschot → Schot

Großsegel Rahsegel an einer Großrah; Gaffelsegel an einer Gaffel am Großmast

Großtopp Bei mehrmastigen Schiffen der zweite Mast von vorn, bei Anderthalbmastern der vordere Mast

Gut das zum Auftakeln und Bedienen der Segel notwendige Tauwerk

Gut, laufendes alle Tampen und Leinen zur Bedienung der Segel

Gut, stehendes Tauwerk, das einmal angebracht, unverändert stehen bleibt

Harpunier auf Grönlandfahrern ›der Mann, der den Walen die Harpune in den Leib wirft‹ (Kluge)

Helmholz Ruderpinne, auch: Helm, Holm

Holk, Hulk ausgedientes zu Lagerzwecken verwendetes Schiff ohne Takelage

Jacht, Yacht Küstensegler, im allgemeinen mit einem Mast u. halbrundem Jachtsteven und Spiegelheck

Jakobsleiter Strickleiter

Jolle kleines, einmastiges Boot

Kajütskappe Eingang zur Kajüte

Kant setzen Segel trimmen

kanteln über die Kante (Seite) legen, umschlagen, wälzen

Ka(a)p landfestes Seezeichen an weithin sichtbarer Stelle

kapseisen kentern, umschlagen; engl.: to capsize

Kimm Horizont, Linie, in der Himmel und See sich zu berühren scheinen

klaren vorn und achtern fertigmachen (bereit stehen) um das Schiff fest- (los)zumachen

Klipper Schnellsegler (19. Jhdt.)

Klüverbaum vorderste, nahezu waagerechte → Spiere für die vorderen Stagsegel (Verlängerung des → Bugspriets)

Kogge kleiner Küsten- und Binnensegler, meistens mit 1 Mast, Seitenschwertern und flachem Boden (ndl.: kaag). Nicht zu verwechseln mit der ›Hanse-Kogge‹

Kohlenholk → Holk

Kommandeur Kapitän, Befehlshaber eines Walfangschiffes

Lee die dem Winde abgewandte Seite

Lose geben ein straff gespanntes Tau (Kette) etwas nachgeben

Luv dem Wind zugekehrte Seite

Marlspieker Dorn aus Metall oder Hartholz zum Spleißen von Tauwerk

Mars, Marssaling Mastkorb, Plattform zur Führung und Befestigung der Marsstenge (erste Verlängerung des Mastes)

Marsfall →Fall

Marssegel Rahsegel an der Marsrah(e)

Masttopp →Topp

Mutte kleines schmales, niedrig gebautes Frachtschiff, mit flachem Boden, rundem Bug und Heck, mit Seitenschwertern und mit einem umlegbaren Pfahlmast mit Gaffelsegel und Stagfock (Vordersegel), vor allem zum Torftransport

niederfieren →fieren

Niedergang (schmale, steile) Treppe auf einem Schiff

Nock Endstück einer waagerechten → Spiere

Nottalje → Talje

Oorlogschiff Kriegsschiff (oorlog = Krieg, ndl.)

Pardun(e) hinter den → Wanten befindliche, die → Stengen schräg achterlich nach der Seite verspannende Seile des stehenden → Gutes

peilen veraltet für loten = mit einem Lot die Wassertiefe feststellen

Pier Kaizunge, Höft, festgebaute Landungsbrücke zum (beiderseitigen) Anlegen von Schiffen

Poller(pfahl) kurze runde Pfosten auf Schiffen und Kaimauern usw. zum Belegen (Festmachen) eines Schiffes

Pütz kleiner Eimer (Schlagpütz = E. mit einer Leine, um Wasser von außenbords zu holen)

pullen rudern

purren zur Wache wecken; aufstacheln usw.

Rah(e) waagerechte Stange am Mast, an der ein rechteckiges Segel befestigt wird

reffen die Segelfläche verkleinern

Riemen Ruder (z. Fortbewegen v. Ruderbooten)

Riffgat → Gat

Rigg(en) Takelwerk

Ruderpinne starker hölzerner (metallener) Hebelarm am Ruderkopf, womit das Ruder bedient wird

Rüsten schmale Bretter in der Außenwand, woran die Masttaue festgemacht werden

Saling Querholz am oberen Teil des Mastes, das die → Wanten abstützt und so eine bessere Verspannung des Mastes bewirkt

Schäkel offenes Glied der Ankerkette, dessen beide Enden mit einem Bolzen geschlossen werden können

Schaluppe, Sluup Bezeichnung für verschiedene ältere Fahrzeugtypen. An der ostfriesischen Küste: kutterähnliches, einmastiges Segelboot mit Großsegel und → Stagfock und mit Seitenschwertern. Diesen Schiffstyp benutzten früher u.a. die Norderneyer zum Schellfischfang; auch: mit 6 Mann gerudertes Fangboot der alten Walfänger (ndl.: sloep; engl.: sloop; frz.: chaloupe)

Schanzverkleidung früher: Verkleidung der Reling mit Segeltuch; heute: feste Reling, Brustwehr aus Holzplanken oder Stahlplatten

scheren Tau oder Kette durch einen oder mehrere → Blöcke ziehen

Schiffsspante → Spant(e)

Schlag Strecke die beim Kreuzen zwischen zwei Wenden zurückgelegt wird

Schmack(schiff) kleines flachbodiges Seeschiff des 18. u. 19. Jhdts.; vorn und achtern rund gebauter Anderthalbmaster mit Seitenschwertern; → Gaffeltakelung und → Rahtoppsegeln am Großmast

Schnicke, Schnigge kurzes, rundes in der Nordsee gebräuchliches Schiff des 18. und 19. Jhdts, (ähnlich der Galiot), vorwiegend zum Fisch- und Austernfang

Schoner zweimastiges Segelschiff, wobei der hintere Mast höher als der vordere ist

Schot Das an der unteren Ecke des Segels befestigte Tau, das das Segel in die richtige Stellung zum Wind bringt; Großschoot = Tau ... am Großsegel

Schute flachgehendes (un)gedecktes Lastfahrzeug im Hafenbetrieb

Spant(e) rechtwinklig zum Kiel stehende Rippen eines Fahrzeugs (an denen die Außenhautplatten befestigt werden)

Spiere jedes stärkere Rundholz (auch: Stahl)

Spierentonne schwimmendes Seezeichen, dessen sichtbarer Teil in Form einer → Spiere ausgebildet ist

Spill Winde, zum Ankerhieven usw.

Stag Tau oder Stahldraht zum Abstützen des Mastes

Stagsegel an einem → Stag gefahrenes Segel

Steek ›Stich‹, Tampenknoten (mehrere unterschiedliche Arten)

Stenge Verlängerung des Mastes

Steuergat → Gat

Steven Bauteil, das ein Schiff nach vorn und hinten begrenzt und den Kiel nach oben fortsetzt

Stiege 20 Stück (alte Maßeinheit)

streichen Segel, Stengen usw. niederlassen; hier: die Riemen streichen = rückwärts rudern oder die Fahrt hemmen, indem man die Riemen in entgegengesetzter Richtung im Wasser bewegt

Talje Flaschenzug

Tampen (kurzes) Stück Tau

Törn; lege T. Reihenfolge in der Arbeit; Freiwache

Topp Mastspitze

Torfmutte →Mutte

Trosse starkes Tau, Drahtseil (zum Belegen = Befestigen des Schiffes am Kai oder zum Abschleppen)

Troyer gestrickte wollene Unterjacke, Wollpullover

überkanteln → kanteln

unbeschlagen → anschlagen

verschalken eine Luke o.ä. mit einer Persenning wasserdicht verschließen

Vollschiff Segelschiff mit drei bis fünf vollgetakelten Masten

Vor(der)geschirr alles was an Ausrüstung zum → Bugspriet und den → Klüverbäumen eines Schiffs nebst ihrer Takelung und ihren Segeln gehört

Vorderkastell ›Vorkasteel‹, → Back

Vordersteven → Steven

Vormarssegel Segel, das an eine Segelstange am vordersten Mast hängt und zwar unter dem Mars (Mastkorb)

Vortopp Vormast, erster Mast von vorn

Wache 1. Tätigkeit des Wachegehens
2. Dauer des Wachdienstes
3. Teil der Besatzung, der jeweils Wache geht

Die Mannschaft wurde früher in 2 ›Wachen‹ eingeteilt, die Steuerbord- und die Backbordwache; Wachablösung war alle 4 Stunden

Wahrschau! Vorsicht! (seemännischer Warnruf)

Wanten seitliche Haltetaue und Leitern der Masten

Warpanker kleiner (Wurf)anker, z.B. zum Verholen oder Abbringen (Flottmachen) eines Schiffes

Werg Abfallprodukt beim Hecheln des Flachses, wurde als

Dichtungsmaterial (beim Kalfatern) verwendet
wiederfieren → fieren
Winterlage ›Winterliche Ruhezeit der Schiffe im Winterhafen‹ (Grimm)
Wolltroyer → Troyer
wricken, wriggen ein Boot durch Hinundherbewegen eines am Heck eingelegten Riemens (Ruders) fortbewegen (ndl.: wrikken)
Wrickriemen → Riemen zum → wricken

Abkürzungen
ndd. = niederdeutsch; ndl. = niederländisch

Bibliographischer Nachweis

— Strandholzsucher
— Havarie in der Kirche
— Das Vorzeichen
— Auf dem Hubert-Sand
— Ruf aus dem Norden
— Der Finnwal
— Eispressung
— Der Harpunier
aus: Der Pfingstbusch der Bark Confidentia. Schloß Bleckede: Otto Meißner 3. Aufl. 1948
[1. Aufl., Hamburg: Otto Meißner o.J. (1934)]
[2. Aufl., Hamburg: Otto Meißner o.J. (1943)]

— Zwei Ertrunkene melden sich
aus: Braunsegel schimmern. Gedichte und kleine Geschichten. (Nordmark-Bücherei 19). Hamburg: Otto Meißner o.J. (1934)

— Olfert Ruigs
aus: Geschichten vom alten Walfang (Heimatlese H. 2, Nov. 1938). Oldenburg: Schulze 1938
dort unter dem Titel: Der alte Harpunier, später in:
OHK 1955 m.d. Zusatz: Eine Alt-Borkumer Geschichte und u.d. Titel: Olfert Ruigs in: OK 1957

— Der Pfingstbusch der Bark Confidentia*
— Jeels van Dijk spinnt ein Garn (dort unter dem Titel: Pottwaljäger. J.v.D. spinnt ein Garn)
— Nebel über dem Wattenmeer**
aus: Nebel über dem Wattenmeer und andere Seegeschichten. Schaffsteins Blaue Bändchen 281
Köln: Hermann Schaffstein o.J. (1. Auflage 1955)

— In Winterlage
aus: OK 1955
Norden: Soltau 1954

Der Vorwurf dieser Geschichte findet sich bei Ludwig Strackerjan: Aberglaube und Sagen aus dem Herzogtum Oldenburg I, 2. erw. Aufl. Oldenburg 1909, Neudruck Leer: Schuster 1972, S. 470 f. (erzählt aus Barßel)
Sämtliche Texte wurden kritisch durchgesehen.

OK = Ostfreesland-Kalender
OHK = Ostfriesischer Hauskalender

* W.A. Kreye schrieb nach dieser Erzählung ein Hörspiel: Erstsendung Radio Bremen 10.6.1957.

** Die Geschichte geht zurück auf eine wahre Begebenheit aus dem Jahre 1866. Sie wurde mehrmals literarisch gestaltet, zuerst von Hermann Meier (Ein Unglück auf dem Watt, in: Meier, Ostfriesland in Bildern und Skizzen, Leer 1868, Nachdruck Leer 1979), später von Olga Pöhlmann (Und die Wasser stiegen, in: Ostfriesisches Lesebuch 3. Bd., 4. unveränderte Aufl. Frankfurt 1931), und von Karl-Heinz Wiechers in der plattdeutschen Geschichte »De Weg na Huus« (unveröffentlicht, gesprochen im NDR III, Fernsehen, 22.11.1981).